SI LO AMAS, ¡EDÚCALO! PARA NIÑOS

SI LO AMAS, ¡EDÚCALO! PARA NIÑOS

Una guía de acompañamiento para los padres de hoy

Rosario Busquets Nosti

Grijalbo

Si lo amas, ¡edúcalo! Para niños
Una guía de acompañamiento para los padres de hoy

Primera edición: junio, 2019

D. R. © 2019, María del Rosario Busquets Nosti

D. R. © 2019, derechos de edición mundiales en lengua castellana:
Penguin Random House Grupo Editorial, S. A. de C. V.
Blvd. Miguel de Cervantes Saavedra núm. 301, 1er piso,
colonia Granada, delegación Miguel Hidalgo, C. P. 11520,
Ciudad de México

www.megustaleer.mx

D. R. © 2019, Mariano Osorio, por el prólogo

ISBN: 978-607-317-868-6

Impreso en México – *Printed in Mexico*

El papel utilizado para la impresión de este libro ha sido fabricado a partir de madera procedente
de bosques y plantaciones gestionadas con los más altos estándares ambientales, garantizando
una explotación de los recursos sostenible con el medio ambiente y beneficiosa para las personas.

Penguin
Random House
Grupo Editorial

A mis padres, Rafael y Rosario

ÍNDICE

PRÓLOGO

Fue una grata sorpresa y un honor para mí recibir la invitación de la doctora Rosario Busquets Nosti para escribir unas líneas en este magnífico libro que ahora tienes en tus manos.

Chayo, para aquellos que tenemos la fortuna de conocerla —que por cierto somos muchos miles—, entre amigos, radioescuchas, pacientes y colegas, ha enriquecido nuestra vida familiar con sus consejos y sugerencias, a otros los ha salvado de un divorcio, o bien, les ha ayudado a sobrevivirlo; además de aquellos que han podido navegar las salvajes aguas de la paternidad gracias a su ayuda profesional.

Chayo Busquets ha producido un cúmulo de contenidos y ha compartido su experiencia, con la que se ha ganado la gratitud de muchos padres de familia y el reconocimiento de la comunidad profesional; sin embargo, no para: continúa con su incansable profesionalismo y gran labor social. En medio de sus consultas, conferencias y cursos, además de su exitoso programa de radio *Chayo contigo* en Joya 93.7 FM, ahora encontró el tiempo necesario para brindarnos, una vez más, su conocimiento en esta actualizada versión editorial.

Si lo amas, ¡edúcalo! Para niños es un voto a la esperanza, al mismo tiempo que una guía de consejos prácticos para enfrentar los desafíos de este mundo en constante evolución en don-

de el internet, la electrónica y las redes sociales han llegado ya
—aceptémoslo— a impactar la vida y el desarrollo de los niños
desde muy pequeñitos.

Esta nueva versión está diseñada para hacer la vida de los
padres con hijos pequeños una experiencia más agradable y
definitivamente con mucho menos remordimiento en el futuro.

Si lo amas, ¡edúcalo! Para niños nos ofrece escenarios específicos para ilustrar las respuestas y acciones que pueden funcionar
y las que están condenadas al fracaso, desde su nacimiento hasta la inminente adolescencia.

Cargado de sensibles pero sensatas sugerencias en donde la
sabiduría y los consejos prácticos de Chayo son los distintivos
de este libro, *Si lo amas, ¡edúcalo! Para niños* es una importante
contribución para la estabilidad de las familias de hoy.

MARIANO OSORIO

INTRODUCCIÓN

El cambio de percepción respecto a *quién es el niño* tiene relativamente poco tiempo. Hasta hace 25 o 30 años se le veía como alguien "vacío", a quien había que "llenar" de información, ideas, modales, costumbres, conocimientos, valores, etcétera, para prepararlo para la vida adulta.

Muchos de los que hoy son padres fueron niños educados con la mirada, una mirada que tenía diferentes intenciones y a través de la cual, sin necesidad de palabras, se sabía qué comportamiento se esperaba de ellos. Esta forma de educación se desprendía de la idea que en ese entonces se tenía del niño.

Actualmente, las diferentes teorías y modelos psicopedagógicos que fundamentan el funcionamiento de las escuelas en las que están nuestros niños tuvieron un impacto muy importante respecto a este cambio de percepción.

No es la intención de este libro revisar los fundamentos de dichos planteamientos, lo cierto es que todos somos testigos de cómo un niño cuenta con habilidades que, bien estimuladas, dan lugar a respuestas y destrezas que no habíamos imaginado. El impacto en la visión de lo que es un niño ha sido muy importante porque ha roto paradigmas que prevalecieron a lo largo de la historia de la educación.

Hasta aquí, todo parece ir muy bien.

El problema surgió cuando pretendimos que esto que habíamos descubierto nos tenía que llevar a hacer cambios en la manera en la que se enseña a obedecer, pero sin un planteamiento de modelos claros para hacerlo. Sólo ha prevalecido una idea que parecía obvia: si un niño es capaz de entender, obedecerá si le explicas lo que le estás pidiendo, sin embargo, no ha funcionado.

Sí es cierto, los niños son capaces e inteligentes, y sin duda alguna vale la pena continuar la educación formal (escuela) en esta línea. Sin embargo, la formación humana y moral de estos chicos no parece ir por buen camino. En la actualidad tenemos niños demandantes, a los que hay que repetirles las instrucciones varias veces para que obedezcan, que no parecen estar contentos con nada, que no tienen "llenadera", que no valoran, etcétera. Los comentarios anteriores los escucho con más frecuencia de lo que quisiera.

Por lo mencionado, todos aquellos que estamos involucrados en alguna medida en la formación de los niños nos vemos en la necesidad de tender un puente entre un mundo con ambientes educativos que potencializa sus habilidades y el aprendizaje de la obediencia, que en un primer momento favorece ambientes familiares más armoniosos, pero que a futuro puede augurarles una experiencia de vida feliz. ¿Cómo?, ¿para qué?, ¿cuándo?, ¿por qué?, ¿en dónde?, ¿con qué propósito? A eso es a lo que voy a intentar dar algunas respuestas.

Intentaré plantear una plataforma que responda a las necesidades que se desprenden de esta nueva manera de ver al niño y que nos ayude a dirigirlo y acompañarlo para alcanzar los propósitos educativos que, sin duda, son los mismos que los que tuvieron nuestros padres y abuelos: generar personas de bien.

Empezaré por revisar conceptos como autoridad, disciplina y límites, los cuales necesitan ser replanteados frente a la manera en la que hoy los adultos interactuamos con los niños, y que a su vez respondan a las características y condiciones del mundo en el que ellos se desenvuelven.

Antes de establecer los "¿cómo?" es imprescindible que clarifique el "para qué", ya que perder de vista los objetivos con mucha frecuencia nos lleva a tomar decisiones equivocadas, bien intencionadas, pero equivocadas al fin.

Los padres educan a sus hijos para que logren ser felices y, para conseguirlo, necesitan desarrollar habilidades que plantearé a lo largo de los diferentes capítulos.

No puedo dejar de considerar que también el mundo en el que hoy los niños están creciendo presenta características distintas que en muchas ocasiones ejercen "mala influencia" en la manera en la que ellos responden. Sin embargo, no debo perder de vista que es justo para ese mundo para el que los padres tienen que prepararlos, no sólo porque se tendrán que enfrentar a él, sino porque además, idealmente, tendrán que mejorarlo. Es por esto que voy a identificar a los enemigos que, como padres, tienen al educar, y por lo tanto buscaré ofrecerles estrategias para combatirlos.

Sin duda, pensar en niños nos lleva a todos a evocar risas y llanto, por lo que buscaré entender el lugar que tienen las emociones en el niño, así como los lineamientos básicos que les permitirán a los padres y maestros ir encauzando de la mejor manera su posible desarrollo. Por ende, sería impensable que no hablara de los berrinches y recomendaciones para poder educarlos correctamente.

Hablaré de obediencia y revisaremos dos marcos de referencia frecuentemente mencionados al educar: premios y castigos *versus* derechos y obligaciones, pero sobre todo su posible y muchas veces conveniente combinación.

¿Qué padre no espera lograr la obediencia de sus hijos aun cuando no está presente? Es posible lograrlo y para eso saber formar un hábito será el mejor de los caminos. En este libro verán cómo hacerlo. Saber establecer la consecuencia va a ser un ingrediente indispensable para lograr el objetivo y con ese propósito revisaremos juntos algunas ideas para lograrlo. Sin duda, habrá hábitos mal establecidos, pero no se asusten, existen pasos a seguir para revertir el camino. En asunto de educación nunca es tarde.

También hablaré extensamente del hecho de ser padres: retos, dudas y qué hacer frente a la inevitable posibilidad de equivocarse. Por último, y debido a la importancia que tienen en la vida de los niños, revisaré la relación que se establece entre los padres y la escuela, y la relevancia que tendrá que cada uno haga la parte del trabajo que le corresponde.

En esta segunda edición, a varios años de distancia y después de la conexión directa que se ha generado entre los padres de familia y el programa de radio que tengo la fortuna de conducir, la cantidad de preguntas ha hecho necesario ampliar los temas que este libro debe contener. Debido a esto se ha añadido un anexo que abarca 13 temas adicionales que complementan la primera edición y que facilitan aterrizar los temas abarcados en los 16 capítulos iniciales. Cada uno de esos temas es revisado en contexto, pero aterrizando en sugerencias específicas, con lo cual espero continuar apoyando al proceso formativo de los niños, y que sea ésta una manera de unir esfuerzos.

Recomendaciones, aclaraciones y disculpas sobre las recomendaciones

Recomendaciones:
Elige sólo aquello que te haga sentido.
No cambies lo que ya te funciona, aunque no lo leas aquí.
No dejes de leer las reflexiones finales.

Aclaraciones:

Éstas son sólo propuestas; muchos de los conceptos a los que voy a hacer referencia, como el caso de la autoestima, van a ser abordados desde el tema de la disciplina, en ningún momento pretendo abordarlos de manera absoluta, ni con esto reducirlos a lo que aquí se diga, ya que suelen ser temas muy amplios.

Para fines de este libro los términos *papá*, *mamá* o *padres* son equivalentes a aquellas personas que están desempeñando el papel de formadores de un niño y no necesariamente los padres biológicos. Cuando utilicé estas palabras no pretendí hacer ninguna alusión a obligaciones de género, a los prejuicios que puedan prevalecer en nuestra sociedad y, mucho menos, tienen la intención de implicar un juicio de valor. Los utilicé indistintamente, pero es posible que me traicionaran las ideas tradicionales que todos traemos cargando.

En relación con el anexo agregado a esta edición es importante hacer una aclaración, ya que aunque toco temas sobre el desarrollo del niño, el enfoque es el mismo que el del resto del libro, un abordaje que permita establecer límites al respecto para poder acompañar el proceso de crecimiento, pero no es un libro sobre desarrollo, sino sobre el manejo de las conductas que acompañan el mismo.

Disculpas:

La disculpa que encabeza a todas las demás está dirigida a aquellas personas que se puedan llegar a sentir lastimadas, ofendidas e, incluso, indignadas con mi estilo personal. Quienes me conocen de cerca o aquellos que me han escuchado en alguna conferencia o en medios de comunicación podrán reconocer mi lenguaje y, de alguna manera, ya estarán sobre aviso.

El riesgo mayor es para aquellos que no tienen ningún antecedente y la forma en que me expreso pueda parecerles entre desparpajada e irrespetuosa. Tampoco se asusten, no hay palabras ofensivas o groserías, sólo un poco de vocabulario venido de "amor apache".

Tengo en consideración también a las personas que toman los papeles parentales y que no puedo mencionar específicamente, como abuelos, tíos, padres sustitutos, compadres, etcétera.

Por último, a mis colegas, quienes van a poder alcanzar a distinguir sin lugar a dudas mis posturas o sesgos personales colados en lo que tendría que ser sólo una propuesta venida del campo profesional. Lo lamento, no pude evitarlo. De hecho, ni siquiera sé bien en dónde empieza una y en dónde acaba la otra.

CHAYO BUSQUETS

UNO
RECUPERANDO LA AUTORIDAD

Para empezar: un poco de malestar
y una pequeña dosis de arbitrariedad

Siempre que los padres quieren lograr que su hijo los obedezca se pone en evidencia que la búsqueda de placer, de forma natural, tendrá una fuerza de atracción sobre ellos más poderosa que el deber.

Los adultos funcionamos igual, pero gracias a la capacidad que hemos ido desarrollando para entender el contexto y el "para qué" de lo que hacemos, nos forzamos a hacerlo posponiendo lo placentero para otro momento.

Los niños están en proceso de crecimiento y no logran captar este concepto hasta que lo van viviendo, lo cual les lleva varios años de trabajo. No van a hacerlo de manera espontánea, nosotros, los adultos, tenemos que estar conscientes de que tenemos que buscar alternativas y estrategias para hacer que lo hagan. A esta manera de actuar le llamamos "ejercer la autoridad".

Los seres humanos no tenemos hijos para tener a quién darle órdenes, sin embargo, darlas y hacer que se cumplan es uno de los papeles que todos los padres tienen que jugar.

¿De qué se pueden valer los padres para lograrlo y qué tipo de autoridad quieren ser? Es algo que tiene que definir cada uno, a partir de su filosofía de vida, de las condiciones del mundo y de lo que quieren para ellos.

Lo primero que tienen que tener claro es que *no hay manera de ejercer la autoridad sin tener que asumir el malestar que van a generar*. Por lo que no sólo deben aprender a tolerar el malestar de sus hijos, sino además el malestar que les produce el malestar del niño. No es agradable y puede no resultar muy fácil en un principio, sin embargo, poco a poco, como todo malestar, va tomando su verdadera dimensión y va a ir perdiendo importancia, dejándolos actuar cada vez con mayor naturalidad y sin tanto esfuerzo, permitiendo el flujo de la relación de una manera más cómoda, pero sobre todo beneficiando a su hijo que, en última instancia, es su principal propósito.

En segundo lugar hay que reconocer que no hay forma de ser autoridad sin ser arbitrario en alguna medida. Estos momentos de arbitrariedad se hacen evidentes cuando, desde el derecho que les da tener autoridad, definen el momento que la regla marca. Por ejemplo: los papás necesitan decidir cuál será la hora de irse a dormir de su hijo. Saben que es razonable que un niño de siete u ocho años se vaya a la cama en un rango de tiempo entre las siete y media y las nueve de la noche, porque eso le asegura un buen descanso para el adecuado rendimiento del día siguiente.

Por lo tanto, la hora exacta entre este rango en el que los padres quieran establecer el hábito de irse a dormir es una decisión arbitraria, y seguramente estará basada en aspectos como rutinas generales del niño, su rendimiento, su disposición como papás para sus actividades personales, etcétera, pero lo cierto es que la decisión, a final de cuentas, es de los padres y no debe ponerse a discusión. Visto de esta manera, usan como pretexto las ocho de la noche para entrenar el hábito, y esto no es ni mejor ni peor que hacerlo a las siete y media o a las nueve.

Lo importante es que una vez que definan la hora, no la muevan. Seguramente se preguntarán por qué si es correcto desde las siete y media hasta las nueve de la noche, ¿por qué no pueden darle la oportunidad de que elija cada día la hora?, ¿por qué no acceder a los "cinco minutitos más" si aún no son las nueve?

La regla como punto de referencia

Las reglas sirven para dar puntos de referencia que les permiten a los padres organizar la vida del niño. Establecer la hora a la que se debe meter a bañar es un pretexto para entrenar una habilidad que, en sí misma, no importa. De esta manera, todos los días, a las ocho de la noche, el niño *practica el control sobre sí mismo*, dado que tiene que parar de hacer algo placentero para hacer algo que se considera parte de sus deberes; por lo tanto, lo placentero se pospone hasta el día siguiente o hasta la próxima vez que la situación lo permita.

Al hacer obedecer al hijo, el padre le está enseñando que la regla debe ser respetada. *Posponer el placer no es grave, fortalece la voluntad.*

Otra razón por la que hablo de la regla como punto de referencia se debe a que *nos ayuda a organizar el día*. Gracias a esos puntos yo sé qué hago, a qué hora y de qué manera; gracias a que sé a qué hora como, puedo organizar mis actividades para que la comida esté lista. De la misma forma, cuando un niño sabe a qué hora debe meterse a bañar, aprende a saber cuándo debe apagar la televisión, salirse de la fiesta infantil o si podrá o no jugar midiendo el tiempo que le sobra.

Las reglas dan orden social, le permiten a un grupo seguir los códigos de comportamiento que van a derivar en una gran parte de la armonía del sistema. La sociedad necesita cierto nivel de orden para poder cumplir con el objetivo que tiene. ¿Se imaginan una casa en la que cada quien se levantara cuando quisiera, comiera cuando quisiera y guardara las cosas en donde se le ocurriera, etcétera?¿Una escuela en donde cada alumno pudiera entrar en el horario que le resultara mejor y tomar la clase en el orden que quisiera? Los maestros no sabrían en qué momento tendrían que estar en qué lugar y todo el tiempo tendrían que estar empezando su clase. ¡Simplemente no sería funcional!

Si vives sin reglas, sabes el caos que esto produce y seguramente estás pagando un precio muy alto por ello; me atrevo a asegurar que preferirías vivir de otra manera.

Las reglas son un mal necesario.

Estricto y rígido: los fantasmas que acompañan a los papás

Lo estricto de un sistema está relacionado con la cantidad de conductas que están reglamentadas.

Una escuela militarizada establece códigos de comportamiento para una mayor cantidad de conductas que una escuela que no lo es. Una escuela tradicional tiene más reglas que una que sigue propuestas con programas alternativos, pero menos que una militarizada. Por ejemplo: una escuela militarizada no sólo espera que el alumno se forme para entrar al salón, sino que lo haga con cierta colocación del cuerpo, guardando una distancia específica en orden de estatura y con la vista dirigida hacia cierto punto. Una tradicional puede esperar a que el alumno se forme, pero no reglamenta la manera en la que debe estar parado al formarse; mientras que una escuela más abierta no esperaría que se forme una vez terminado el recreo.

Entre menos conductas con margen de decisión se permitan, más estricto es el sistema. El número de reglas que hay dentro de una familia no tiene mayor importancia. Hay algunas con pocas reglas y familias en donde todo está reglamentado. Hasta el momento no hay estudios, que yo conozca, que prueben que la calidad humana de la persona dependió de la cantidad de reglas con las que vivió.

¿En qué consiste la rigidez? Se es rígido cuando una regla no se modifica a pesar de que las condiciones que llevaron a establecerla han cambiado, en otras palabras, cuando las reglas no se van abriendo o acomodando para dar opción de maniobra a los chicos conforme van ganando edad o cambia la etapa de desarrollo. Por ejemplo: si en mi casa la hora de irse a dormir de mi hijo de seis años es a las siete de la noche, y así pretendo que siga hasta que tenga 12, es una regla rígida, pues ya no corresponde a su proceso y sus necesidades.

Las reglas se pueden ir cambiando, pero si ahora que mi hijo tiene seis años y su hora de irse a dormir es a las siete de la noche, **no es ser rígido** hacer que lo haga de esta manera todos los días. *Cumplir la regla no nos hace rígidos.*

Variaciones de la regla y las excepciones

Toda regla tiene variaciones. Por ejemplo: si Pablo tiene que dormirse a las siete de la noche cuando tiene que levantarse temprano al día siguiente, sabe que la regla no aplica los fines de semana, vacaciones y días festivos. La regla puede quedar abierta o establecer la otra hora exacta.

Las excepciones son otro asunto. Una excepción implica hacerle un cambio a la hora establecida aun cuando las condiciones son las mismas. Por ejemplo: si hoy por la noche pasan un programa especial, la hora de dormir de Pablo, a pesar de que mañana hay clases, se puede recorrer; y por otro lado, aunque mañana Pablo no irá a la escuela, igual se tiene que dormir a las siete porque la familia saldrá de viaje o se planeó una actividad familiar.

Las excepciones no crean precedente, lo que significa que el permiso especial no es una señal que marque cambios de ahora en adelante respecto a la regla. Es complejo establecer el uso adecuado de las excepciones, lo cierto es que una excepción, dependiendo de lo medular que sea el tema, entre menos se haga es mejor. Por ejemplo: si para el papá es fundamental que el niño haga la tarea, las excepciones deben ser menos frecuentes que permitirle que tome refresco.

En niños menores de ocho o 10 años, idealmente las excepciones podrían darse de 2 a 5% de las veces. ¡Ojo!: *Podrían* no significa *deberían. Se puede educar sin hacer excepciones.*

Los padres deben recordar que la regla ya contiene en su planteamiento variantes, por lo que la excepción realmente no es indispensable.

Si volvemos al ejemplo de la hora de dormir, la regla ya contiene movimientos que implican cambios, por lo que la excepción no se hace necesaria. Bajo este esquema, la semana de un niño de seis años puede ser de la siguiente manera: de domingo a jueves se duerme a las siete, los viernes y los sábados puede dormirse más tarde. Esto no se da todas las semanas del año, porque en los tres periodos vacacionales dormirse a las siete también se puede modificar y eso sin contar los días festivos aislados durante el año. ¿Serían los papás muy intransigentes si permiten una o dos excepciones al año solamente?

El problema principal de hoy en día es que entre las variaciones y las excepciones los días en los que se aplica la "supuesta" regla acaban siendo menos que aquellos en los que no se aplica. Pero eso sí, los padres se preguntan con mucha sorpresa: *"¿Por qué cuando queremos mandarlos a la cama a las siete nos sigue costando tanto trabajo hacerlos obedecer si ellos ya saben que en esta casa la hora de irse a dormir es ésa?"* La respuesta es simple, ¡falta de práctica!

Cuando los padres están empezando a establecer una regla o cuando van a romper un mal hábito es muy importante no hacer excepciones porque el niño no alcanza a distinguirla de lo que se hacía antes, y sólo hace más complicado hacerle obedecer la próxima.

Si la siguiente ocasión a que se hizo una excepción el niño pretende usarla como argumento para pedir que se repita o aumenta su resistencia a respetar la regla, significa que aún no estaba listo para entender el concepto y, por lo tanto, hay que dejar pasar un tiempo más largo antes de volver a considerar la posibilidad de permitirla.

Conclusión: siempre que los padres hacen una excepción es bajo su propio riesgo.

Límites y disciplina

Para fines de lo que estamos revisando, ambas palabras van a ser usadas como sinónimo. Sin embargo, en sentido estricto, los límites sólo dan lugar a la disciplina si están colocados en las mismas circunstancias. El límite es el que le dice al niño hasta qué hora puede ver la tele o, dicho de otra manera, a partir de qué hora ya no puede seguir en esa actividad. Si este límite se respeta todos los días, el niño terminará aprendiendo a relacionarse con la televisión.

Toda actividad disciplinada contiene límites, pero no necesariamente éstos dan lugar a la disciplina. Todos los días el niño dejó de ver la tele en algún momento y eso implica un límite, pero si cada día lo hace a diferente hora, su relación con la tele no se disciplina.

Con el paso del tiempo y los significados que se le van asociando a las palabras muchas veces éstas dejan de representarnos lo que eran en su origen y dejamos de usarlas. Algo así pasó con el concepto de disciplina y hoy, a la inmensa mayoría, le resulta una palabra que hace alusión a rigidez, arbitrariedad, intransigencia, etcétera, pero particularmente a educaciones de tipo militarizadas.

Dadas las aportaciones de las principales propuestas pedagógicas en las que se busca impulsar el pensamiento crítico, la toma de decisiones, el pensamiento reflexivo, la iniciativa, la inventiva y otras habilidades que se desprenden de este abordaje educativo hicieron que la idea de la disciplina fuera prácticamente descartada, y de hecho hasta menospreciada.

La disciplina no es una sombrilla que se pone sobre nuestra vida y nos abarca por completo, se presenta por áreas. Hay quien puede ser disciplinado para el ejercicio, pero no para sus hábitos alimenticios; hay quien puede ser disciplinado para el orden de los objetos, pero no de los tiempos; hay quien puede serlo con su trabajo, pero no en su casa; hay quien es disciplinado para su arreglo personal, pero no para sus finanzas, y así sucesivamente.

La disciplina vuelve hábito una forma de comportamiento, lo que significa llevarla a cabo siempre de la misma manera. Por supuesto, hay personas más disciplinadas que otras porque tienen mayores áreas de su vida o actividades enmarcadas por el orden y la repetición.

Una de las ventajas más importantes de esto es que le permite al ser humano potencializar al máximo el uso del tiempo, porque al hacer siempre las cosas de la misma manera, las hace más rápido. Pero además, y lo más importante, libera su atención, y por lo tanto puede atender otros intereses. Hay personas que logran encontrar la solución a un problema mientras se bañan, platican, manejan o hacen la lista del súper, y que deciden qué van a hacer de comer mientras tienden la cama…

Por ejemplo: Mauricio no logra llevar a cabo el proceso de bañarse él solo, requiere todavía de la atención de sus papás porque, de lo contrario, deja partes de su cuerpo sin lavar. Cuando alguien está aprendiendo una habilidad, necesita poner toda su atención en cada paso de la actividad, pero una vez que la logra automatizar (repetir de manera automática) puede pensar otras cosas mientras lleva a cabo la acción. Aprender a manejar un automóvil ejemplifica muy bien el término *automatizar*.

Cuando Mauricio aprenda que algo se hace todos los días de la misma manera y a la misma hora, los padres consiguen que vaya automatizando la respuesta. Una vez que esto sucede, papá y mamá pueden "hacerse para atrás" y Mauricio va logrando independencia en la satisfacción de sus necesidades.

¿Para qué queremos potencializar el uso del tiempo? Cada quien tiene sus propias razones, pero normalmente ese tiempo libre de atención que requieren muchas de nuestras actividades lo queremos para resolver pendientes o dedicarnos a lo que nos interesa o para llevar a cabo actividades que nos generen disfrute y nos hagan felices.

La palabra mágica de la educación: NO

Atrás de todo lo que hemos venido mencionando existe la fuerza y la determinación del NO. Se han creado muchos mitos y tabúes alrededor del NO pero, desde mi experiencia en el trabajo con padres y maestros, he descubierto que no hay palabra con un impacto más positivo en la vida de alguien. Gracias a ella podemos ir ganando el control de nuestra vida.

Por ejemplo: una persona sabe de qué tiempos dispone para ir al banco porque conoce los horarios del mismo, gracias a los límites de velocidad podemos saber si estamos cometiendo una infracción, conocer lo que le gusta a una persona nos permite saber cómo podemos agradarla y, por el contrario, conocer lo que no le gusta, nos permite molestarla.

Mónica aprende a saber lo que se espera de ella gracias a que va conociendo los NO de las diferentes situaciones que la rodean. Al saber que la televisión no puede ser encendida si la tarea no está terminada, ella puede decidir lo que hace dependiendo de lo que quiera que suceda. De esta manera, sabe que las condiciones para ver la televisión están en sus actos. De lo contrario, ella tendría que estar adivinando todo el tiempo si no supiera bajo qué circunstancias disfrutar de la tele. Por lo tanto, al conocer las limitantes que tiene y su condición de vida en esa casa, puede tomar mejores decisiones y sentirse segura haciéndolo. Así aprende a planear para ganar independencia.

A partir del NO es que conocemos al otro; a partir del NO es que puedo actuar con la certeza de lo que se espera de mí; a partir de respetar los NO logramos la armonía en las relaciones interpersonales; a partir del NO es que puedo reconocer mis áreas de responsabilidad; a partir del NO es que puedo ser respetado y cuidado por el otro; a partir de los NO es que sé quién soy. Un NO puede convertirse en SÍ como excepción o en sus propias variantes, como ya lo mencioné antes, pero hay que tener mucho cuidado de que no se convierta en SÍ como resultado de la insistencia del niño o del cansancio del adulto. Cuando esto pasa, la vida cotidiana puede convertirse en una verdadera pesadilla que desgasta, de manera importante, la armonía familiar.

Sin duda, *los límites surgen de la necesidad de decir* NO *en la vida cotidiana* en cualquier relación que hayamos establecido.

Recuerden

✦ Para recuperar la autoridad hay que aprender a tolerar el malestar que nos produce el malestar de nuestros hijos al tener que obedecer.

✦ Ser arbitrario es un derecho y una obligación de toda figura de autoridad.

✦ Gracias a las reglas el niño practica el control sobre sí mismo.

✦ Posponer el placer fortalece la voluntad.

✦ Las reglas organizan el día y dan orden social.

✦ Cumplir las reglas no nos hace rígidos.

✦ Se puede educar sin hacer excepciones, ya que toda regla tiene sus variaciones incluidas.

✦ La disciplina permite potencializar el uso del tiempo y libera nuestra atención para dar paso a las actividades que más nos gustan.

✦ Los límites surgen de la necesidad de decir NO en la vida cotidiana.

+ El límite es la frontera entre lo que deseamos y lo que debemos hacer.
+ Toda disciplina implica límites, pero no todo límite genera disciplina.
+ NO: una fuente de experiencias positivas.

DOS
EMPECEMOS POR EL FINAL... ¿PARA QUÉ?

De las buenas intenciones a la cruda realidad

¿Qué quiero lograr?, ¿en qué tipo de persona quisiera que se convirtiera mi hijo?, ¿qué quiero que él o ella incorpore en su vida como parte de quien es? Preguntas obligadas cuando los padres desean educar. No pueden o, por lo menos, no deberían de faltar en su cabeza.

Es cierto que lo ideal es que el inicio de la vida de cualquier ser humano fuera resultado de un deseo consciente, sin embargo también es cierto que a los adultos (y a veces a los no tan adultos) los puede tomar por sorpresa.

Cuando alguien asume que va a ser padre, más allá de las implicaciones que esto tenga en su vida personal, con frecuencia suele generar una actitud de buena disposición para ejercer su paternidad de la mejor manera posible. Se crean expectativas acerca de lo que pasará, pero particularmente del modo en el que desea relacionarse con su hijo y la forma en la que pretende educarlo. Hay buenas intenciones: ser amoroso, cuidadoso y tener paciencia son, entre otras, algunas de las habilidades que se proponen poner en marcha para recibirlo, sin embargo no pasa mucho tiempo antes de empezar a descubrir que se puede experimentar también desesperación, coraje, enojo y, como dirían muchos de mis pacientes, hasta ganas de... ("ganas de matarlos").

Los papás suelen expresar el deseo de educar a sus hijos con el propósito de que sean personas felices, y aunque no voy a pretender ni cercanamente definir lo que es la felicidad, sí me atreveré a asegurar qué no es, y a sugerir algunas habilidades en los seres humanos que pueden favorecer su tan deseada presencia.

Educar para la felicidad, ¿utopía?

Ser feliz no es sinónimo de estar contento; *la felicidad no es un estado de ánimo.* Los estados de ánimo tienen fecha de caducidad, van y vienen e, incluso, se sobreponen entre sí y llegan a ser ambivalentes con respecto a un mismo evento. Por ejemplo: una madre puede estar muy contenta porque su hija se casa, entusiasmada por la celebración, triste porque se va, enojada porque ya no la verá diario, pesimista frente a su futuro porque el yerno le parece un bueno para nada, conmovida por verla enamorada, melancólica por los recuerdos de su propia experiencia, todo al mismo tiempo y frente a la misma situación.

Si un adulto quiere ver siempre contento a un niño, tendrá que decirle que sí a todo lo que pida y el resultado final dista, en mucho, de ser lo que se está buscando.

En su inmensa mayoría todos los padres coinciden en el deseo de que sus hijos lleguen a ser capaces de hacer un balance entre aprender a tener consideración por las necesidades de los demás sin ver sacrificadas las propias y viceversa.

Son tres las habilidades implicadas en el equipamiento de todo niño para que aprenda a funcionar en las condiciones del mundo en el que vivimos:

1. **Adaptación.** Cuando una persona desarrolla esta capacidad satisface la necesidad de pertenencia. Todos queremos pertenecer y ser reconocidos por otros, ya sea la familia, la escuela, el equipo de futbol, el lugar de trabajo, etc. Tomamos decisiones muy importantes en función de esta necesidad. Hay personas que se distancian de sus familias de origen porque no se sienten parte de ella, también hay quienes dejan un trabajo que les gusta porque no se sienten reconocidos por el grupo.

Lo cierto es que para ser aceptado se necesita aprender a ceder. Por ejemplo: Diego aprende que, en ocasiones, le toca el turno a él y a veces a José Luis, que a veces juega a lo que quiere y a veces a lo que elige otro, que a veces gana y a veces pierde. Hasta aquí la dimensión social de la adaptación.

Pero tiene otra, la personal. Entre mayor repertorio de conductas desarrolla una persona, tiene mayor capacidad para poder desenvolverse satisfactoriamente en la vida. Los niños deben ir aprendiendo a reconocer las señales del contexto en el que se encuentran para poder echar mano de sus propios recursos y presentar la conducta que resulta más apropiada. Por ejemplo: cuando María reconoce ciertas señales sabe que hay que permanecer sentada y trabajando en silencio, pero también sabe, en otros momentos y gracias a esas señales, que es hora de cantar y bailar, de correr y jugar o de sentarse frente a una mesa. Desarrollar estas habilidades hace que no siempre tengamos que recibir la instrucción.

El entrenamiento de estas diferentes conductas se obtiene con la práctica y esto se da en la vida cotidiana. Hoy por hoy los adultos cometemos el error de "perdonarle" al niño lo que hace, incluso "justificamos" que no haga lo que debe y recriminamos a otro adulto que lo haya obligado a hacer algo en contra de su voluntad. Estas actitudes, lejos de beneficiarlo, lo empobrecen y reducen sus recursos a muy pocas conductas, además de reforzar la idea de que solamente tiene que hacer algo que se requiere si lo desea.

2. **Autosuficiencia.** El deseo por ser autónomo es otra de las necesidades que presentamos los seres humanos desde pequeños. Todo bebé pretende quitarle la cuchara a la mamá de la mano para empezar a comer solo y rechaza su ayuda cuando comienza a caminar por sí mismo; puede entretenerse durante largos periodos de tiempo tratando de meter una pelota en un bote hasta lograrlo. En los primeros años de la vida es muy fácil observar cómo los niños están dispuestos a hacer las cosas por sí mismos y escuchamos, con frecuencia, la frase: *"Yo puedo"*, aun con su incipiente lenguaje.

Somos los adultos los que en el afán de ganar tiempo nos acercamos a ayudarlos, en el mejor de los casos, o a hacerlo por ellos, en la peor y más frecuente de las ocasiones. No hay malas intenciones en esto; la lógica de nuestro pensamiento nos dice que está pequeño y por qué no hacerlo nosotros si nos sale mejor y más rápido; por qué no si para nosotros implica menos esfuerzo. ¿No es así como se hace evidente el amor que les tenemos?, ¿si te atiendo y hago por ti las cosas no te demuestro qué tan buen papá soy?

Éste no es un asunto de buenas o malas intenciones, de cantidad de amor o de deber de padres. Acaba siendo un asunto de autoestima, de la muy famosa autoestima y, justo por su fama, vamos a hablar de ella.

Abramos un paréntesis para la autoestima

En términos muy sencillos, la autoestima es la opinión que una persona tiene de sí.

Empiezo por confesar que desde mi opinión y con riesgo a equivocarme, en estas épocas la autoestima ha sido sobreevaluada. De lo que sí estoy segura es de que se ha vuelto un candado que imposibilita a los padres y maestros tener libertad de maniobra al educar.

Hay que hablarle al niño con tono dulce, suave, sin perder la paciencia, no llamarle la atención en público, no manifestarle emociones negativas, buscar la manera de hacer los planteamientos sin mencionar la palabra NO, etc., etc., etc., porque, de lo contrario, lastimas su autoestima. Nada tiene que generar malestar porque "lastimas su autoestima".

Hay muy pocas cosas en la vida que no cambian y una de ellas es que el prefijo "auto" hace referencia a "uno mismo" (autónomo, autosuficiencia) o al "objeto mismo" (automático, automóvil), por lo que nos permite pensar que únicamente "yo" puedo hacer algo con y por mi autoestima.

La autoestima es una responsabilidad personal, es una experiencia de vida, de mi vida. Basta observar a un niño mientras está haciendo esfuerzos importantes por llevar a cabo una actividad: una vez que lo logra se muestra contento y busca decirlo (lo presume) porque sabe que lo consiguió y lo que se espera de los adultos es sólo que ofrezcan reconocimiento. El niño no necesita del adulto para saber que pudo, el resultado de su acción se lo dice.

El niño no necesita del adulto para tener la certeza de que fue capaz y sentirse bien: eso es autoestima. La autoestima, que viene de la experiencia personal, se suma al reconocimiento que los demás damos, dando por consecuencia la motivación.

Con frecuencia, hoy maestros y padres creen reconocer baja autoestima en los niños cuando los ven desmotivados o dicen no poder realizar alguna actividad. No es tan simple: ellos pueden detectar desmotivación o desgano, pero no pueden saber si eso es resultado de baja autoestima.

Entonces, ¿no tenemos los adultos ninguna injerencia sobre la autoestima de los niños? Sí, pero no otorgándola, sino favoreciendo ambientes en donde ellos tengan la posibilidad de saberse capaces. Por lo tanto, si un papá quiere un hijo con buena autoestima, tiene que dejar que él resuelva sus necesidades, aunque eso implique esfuerzo y tiempo.

No se anticipen, *dejen que ellos lo intenten hasta pedir ayuda.* Supervisen pero, sobre todo, tengan paciencia.

No se puede educar sin invertir tiempo.

De regreso a la autosuficiencia

Vista de esta manera, la autosuficiencia es la madre de la autoestima. Por ejemplo: en la medida en la que Bruno se perciba capaz de resolver sus necesidades va a ir teniendo una buena opinión de sí mismo. Si sus padres lo hacen por él, no importa la motivación que tengan, lejos de trasmitirles lo mucho que lo quieren, le mandan un mensaje que le dice que lo consideran incompetente. Lo que Bruno "oye" es: *Lo hago yo porque a ti no te sale tan bien ni tan rápido como a mí.* Es por esto que todo aquello que un niño ya es capaz de hacer, debe hacerlo él.

Si entendemos la autosuficiencia como la capacidad para satisfacer por mí mismo mis necesidades y deseos, podemos identificar con claridad cinco áreas en la vida de todo niño en donde se pueden favorecer las experiencias de logro para la construcción de la autoestima:

a. **El área de la productividad**. En el caso de los adultos, es aquella área de acción que tiene impacto sobre otros y, de alguna manera, los beneficia. Suele relacionarse con el trabajo pero también, y más allá de la remuneración económica, cualquier acción que implique sus resultados en el bienestar de más personas, desde el trabajo de la ama de casa hasta obras de beneficencia social. En el caso de los niños es la escuela y todo lo que de ella se deriva.

b. **El área de la alimentación**. Ésta tiene dos líneas de trabajo: la primera en torno a lo que conlleva aprender a alimentarnos sanamente, y la segunda, que está relacionada con los modales para comer.

c. **El orden**. El niño debe ir aprendiendo a conocer la ubicación de todo aquello que requiere para su desenvolvimiento diario. De aquí se deriva el aprendizaje de abrir y cerrar, sacar y guardar, acomodar, organizar, etcétera.

d. **El área del arreglo personal**. Le implica al niño aprender a vestirse, a combinar colores, abrochar botones, agujetas, etcétera.

e. **Los hábitos de higiene**. El niño aprende desde cómo lavarse las manos hasta cómo cortarse las uñas.

A lo largo de sus primeros 12 años de vida el niño debe ir aprendiendo a tomar cada vez más bajo su control las diferentes conductas que se ven implicadas en el aprendizaje de estos hábitos. Normalmente los adultos empezamos por hacer todo nosotros y de él sólo esperamos disposición, dicho de otra manera, "que se deje hacer". Poco a poco, no nada más debemos esperar, hay que exigir que se involucre hasta que al final lo haga por completo él solo y sin la necesidad de que estemos con él.

¿Cómo ayudarle?

Evidentemente los tiempos y la prisa en la vida cotidiana son una realidad que no podemos ignorar. Como papá, y dada la edad de tus hijos, te ves involucrado de manera directa en sus actividades, por lo que ayudar es parte importante de tu deber. Sin embargo, es esencial tener claro lo que implica ayudarle. Cuando le ayudes, ambos deben de participar en la acción.

Por ejemplo: lo primero que Sofía debe aprender a hacer cuando se trata de una actividad que es para ella es no resistirse. Conforme va creciendo, para quedar arreglada en las mañanas puede empezar por levantarse para ser vestida, posteriormente desvestirse ella sola para ser vestida, hasta que poco a poco pueda ir participando más activamente en esta acción hasta hacerlo ella todo por sí misma.

Lo que no es válido es que yo, mamá, "con tal de" que se vista, tenga que encargarme ya sea de hacerlo divertido para que acceda a cooperar (prendiendo la tele, facilitándole un juguete, etcétera) o de que se distraiga con algún objeto para que no me estorbe mientras la visto. Esto no es ayudar, es hacer por ella.

3. **Responsabilidad.** Ésta es una de las características que solemos valorar más en la gente. Sabemos que una persona responsable no requiere de alguien que la supervise, cuide u ordene que haga lo que se espera de ella y que, por lo tanto, aquellos que se encuentran cerca de su vida se sienten seguros y confiados.

En mi experiencia, *la responsabilidad no se educa, surge.* La he visto "surgiendo" después de que ha pasado un tiempo en el que los padres han hecho que sus hijos aprendan a presentar las conductas que los hacen parecer responsables. Me explico mejor: muchos, si no es que la mayoría de los niños, empiezan el hábito de hacer su tarea tarde tras tarde, no por responsables, sino porque desean ver la tele, jugar con la computadora o lo que sea que les guste hacer, mientras los papás cuidan que no suceda si no cumplen. Una vez pasado el tiempo en el que los padres han supervisado este proceso, el niño poco a poco empieza a hacer de la tarea una preocupación personal y se ve aparecer la satisfacción de su ejecución por sí misma, más allá de disfrutar de la tele o de sus juegos preferidos.

Siempre que un padre espera que su hijo experimente la sensación de responsabilidad para que cumpla con sus obligaciones, lo más probable es que tenga que sentarse, porque es poco probable que eso suceda.

De los educadores depende hacer que los niños hagan aquello que les hace parecer responsables para que, en la medida en la que estos comportamientos se hacen hábito, se empiecen a autorregular. La responsabilidad empieza por ser consecuencia para después volverse causa o motivación.

Insisto, es importante preguntarme qué quiero como resultado para entonces elegir el camino a seguir, ya que existen dos formas de conceptualizar la responsabilidad que nos llevan a alcanzar propósitos diferentes:

a. Hacer en todo momento lo que se debe.
b. Ser capaces de asumir las consecuencias de nuestros actos.

La primera es la que se espera de los ambientes militarizados. Un soldado sólo tiene que obedecer, más allá de su criterio, por eso en los juicios de guerra se juzga al que da las órdenes, no al que las ejecuta.

La segunda pone el acento en las consecuencias del acto, no en el acto mismo. Desde el punto de vista de la disciplina el acto no importa, lo que sí importa es que se asuman las consecuencias de lo que se decidió hacer. Por ejemplo: la mayoría de las preparatorias y universidades manejan un porcentaje de faltas aceptado para conservar el derecho a examen. Un alumno puede decidir faltar a clase y, al hacerlo (aunque no esté haciendo lo que debe), busca ponerse al corriente y pasa con éxito la materia (asumiendo las implicaciones de haber faltado).

Esta posibilidad de maniobra que las circunstancias nos presentan pone en evidencia la capacidad que tenemos los seres humanos para tomar decisiones, la cual se vuelve importante en el camino de la educación a la responsabilidad.

Como mencioné anteriormente, la responsabilidad no se educa, surge. Llegamos al momento de hablar de la toma de decisiones, que es de donde surge la responsabilidad, y ésa sí se educa.

¿Cómo educar en la toma de decisiones?

Todo acto humano es resultado de una decisión tomada, con mayor o menor grado de conciencia, pero es una decisión. Aquello que hacemos creyendo que fue porque no quedó otro remedio está más relacionado con nuestra propia plataforma para ver la vida, porque en realidad no hubo una decisión de por medio, sin embargo sí la hubo.

Por ejemplo: cuando en un matrimonio uno de los dos explica sus acciones porque, de lo contario, le costaría el divorcio, está decidiendo (no siempre de manera consciente) que para él o ella el divorcio no vale el resistirse a hacer aquello que la relación le demanda y por eso se ve en la "necesidad" de acatarlo, pero no por esto deja de ser una decisión.

Ahora, en el caso de un niño, cuando yo le digo a Eugenio que recoja su suéter y éste lo hace, significa que decidió hacerlo y no que yo tengo control sobre él; *nadie puede controlar la conducta de otro*.

Volvamos a la toma de decisiones y a la manera en la que podemos educarla. Por ejemplo, si los papás llevan a sus tres hijos a comer helado, los tres pelean por pedir primero. Mónica pide un helado de chocolate; cuando Paulina pide su helado de vainilla, Moni pregunta (ya con el helado de chocolate en la mano) *"¿había de vainilla?"* Como en general los padres suelen ser el bote de basura de sus hijos, papá o mamá se queda con el helado de chocolate de Mónica no sin decirle, claramente, que debería de fijarse antes de pedir su helado porque siempre es lo mismo con ella, que es la última vez, etc., etc., etc. Cuando Patricio pide su helado de fresa, Paulina hace algo parecido a lo que hizo Moni, por lo tanto, el helado de vainilla es sustituido.

Todos salen de la nevería con el helado que querían (a excepción de los padres que tuvieron que comer los helados que sus hijos despreciaron). No siendo esto suficiente, a continuación pasan uno o varios de los siguientes sucesos: todos comen de todos, papá o mamá se acaban comiendo los helados que sus hijos no quisieron o intercambiaron helados entre sí porque, finalmente, sí querían el helado que habían pedido originalmente. El asunto es que, a la postre, ya nadie sabe quién era dueño de qué helado.

La próxima vez que lleguen a la nevería, y a pesar de todas sus advertencias, la historia se repite. ¿Qué pasa?, ¿por qué estos niños no entienden?, ¿de qué manera habría que decírselos?

Imaginemos por un momento que hacen lo siguiente: Nuevamente están en la nevería. Al aparecer la pregunta inocente: *"¿había helado de vainilla?"*, el adulto responde: *"Sí, hay helado de vainilla. Con mucho gusto lo puedes pedir la próxima vez que vengamos"*. El escándalo que se puede venir después de esta contestación puede ser muy variado, dependiendo de qué nivel de experiencia en el mundo de los berrinches tenga Mónica. Lo cierto es que por bien educada que esté, le va a causar malestar que no le permitan cambiar de helado.

Lo desagradable de esta situación se verá afectado por la intensidad con la que ella responda al manejo propuesto, pero eso es tema de los berrinches, no de la toma de decisiones. Lo importante para los fines de este momento es tener claro que Moni se queda con el helado de chocolate o nada.

Y aquí empieza lo interesante. Observen a Patricio, porque ahora que le toca elegir helado, lo más probable es que antes de pedirlo haga la pregunta del millón: *"¿De qué hay?"* Esa simple pregunta pone en evidencia que Patricio acaba de descubrir que "elegir" un helado implica cuidado, contener su impulso, revisar las opciones, planear lo que podría pasar y anticipar las diferentes situaciones que pudieran generarse de su elección.

Muy probablemente la próxima vez que lleven a Mónica, Paulina y Patricio a comprar el helado, la prisa por escoger desaparecerá y van a tener a tres niños viendo el mostrador sin decir palabra. ¿Qué pasó?, ¿repentinamente ya no saben qué quieren? No, lo que sucede es que saben que su elección va a implicar la **renuncia** de los demás sabores, por lo tanto están haciendo un repaso de todos los sabores que querrían pedir si se los permitieran, tratando de descartar uno a uno para poder elegir.

Como es una tarea difícil para ellos, con frecuencia escucharán frases como: *"¿Mañana venimos por un helado otra vez?"*, ya que buscarán poder comer pronto el helado que están descartando, o *"¿puedo pedir tres bolas?"*, y aunque su apetito no suele dar para tanto, ya no saben cómo resolver el asunto para quedarse con una sola elección. Decidir. *No es elegir, sino renunciar.* Lo difícil de una decisión es preguntarnos a qué estamos dispuestos a renunciar.

Entonces, ser feliz, ¿una utopía?

Utópico es pensar que se puede educar para poder estar contento toda la vida. Sin embargo, educar para satisfacer la necesidad de pertenencia, autonomía y buena capacidad para tomar decisiones en la vida no sólo es posible, sino que además puede garantizar, hasta donde la educación lo permite, la felicidad de los futuros adultos en los que se convertirán los niños de hoy.

Recuerden

✦ Todos tenemos buenas intenciones al educar, pero no bastan.
✦ La felicidad no es un estado de ánimo.
✦ No se puede educar sin invertir tiempo.
✦ La adaptación permite satisfacer nuestra necesidad de pertenencia gracias a que aprendemos a ceder y a leer las señales del contexto para saber cómo comportarnos.
✦ La autosuficiencia es la habilidad que necesitamos desarrollar para lograr mantenernos autónomos a lo largo de la vida. Es de aquí de donde se deriva la autoestima.
✦ La autoestima es una responsabilidad personal.

✦ Nosotros no damos autoestima, sólo podemos favorecer ambientes en donde el niño pueda experimentar que es capaz.

✦ Todo aquello que un niño es capaz de hacer, lo debe hacer él.

✦ Nadie puede controlar la conducta de otro.

✦ Ayudar es hacer con él, no por él.

✦ La responsabilidad surge del hábito de tomar decisiones.

✦ Todo acto humano es resultado de una decisión tomada.

✦ Decidir implica renunciar.

TRES
LOS ENEMIGOS DE LA EDUCACIÓN

Evitando el esfuerzo y buscando placer

Con frecuencia los padres se toman como algo personal el comportamiento de sus hijos; *"parecería que le gusta hacerme enojar"*, dicen. Este pensamiento se ve reafirmado, ya que una vez que los padres montan en cólera el niño suele acceder a aquello que le estaban pidiendo, ¿qué es lo que pasa? Más adelante hablaré de cómo evitar pasar por este trance para lograr que sus hijos hagan caso, pero lo importante ahora es entender qué es lo que explica esta conducta.

Hay dos grandes enemigos de la educación, el primero es lo que solemos llamar la *ley del menor esfuerzo*. Los adultos utilizamos este término para describir a los flojos, sin embargo, todos los seres humanos nos regimos por este principio.

Nuestras conversaciones están llenas de recomendaciones para abreviar esfuerzos si se puede llegar al mismo resultado, incluso a mejores, haciendo menos. Una vez que se conoce el atajo no se vuelve a ir por el camino largo. La tecnología ayuda a resolver las necesidades, invirtiendo menores esfuerzos.

La diferencia entre el niño y el adulto es que el primero no ha descubierto aún que, a la larga, es mejor dosificar el esfuerzo que evitarlo. Por ejemplo: si el papá le pide a Alejandra que recoja su ropa, las posibilidades de que sólo la esconda son muy altas. ¿Sabes por qué los adultos ya no lo hacemos así? Porque descubrimos que el día que tuvimos que sacar y organizarla toda nos implicó un esfuerzo mayor que el que resulta si todos los días nos encargamos de guardar lo que se utilizó ese día.

Alejandra no ha vivido esto y, por lo tanto, trata de salir adelante con una solución de momento y los padres tienen que intervenir para que no sea así.

La mejor manera de ejercer la ley del menor esfuerzo es dosificando el esfuerzo cotidiano.

El otro gran enemigo de la educación es el *principio del placer*; a este concepto le voy a dedicar más tiempo. Si tuviera que definir en una frase en qué consiste la educación en límites y disciplina, lo diría de la siguiente manera: *Enseñarle a la persona a relacionarse con el placer.*

Las personas buscamos estar en un estado de bienestar constante, aun en aquellas situaciones en las que nos encontramos inmersas en condiciones poco deseables. Si tenemos que ir a trabajar buscamos la manera de hacerlo lo más placentero posible dentro de nuestras posibilidades, si tenemos varias tareas que cumplir las acomodamos para hacerlas más ligeras, si tenemos que trasladarnos a cualquier lugar buscamos la ruta que mejor nos acomoda. En cada uno de los momentos de nuestra vida, desde los más insignificantes hasta los de mayor trascendencia, todos buscamos que estén implicados de bienestar o, en el peor de los casos, del menor nivel de malestar posible. *La búsqueda de bienestar es un principio de la vida humana.*

El niño presenta su búsqueda de bienestar de una manera pura y radical. Por ejemplo, si los padres no intervinieran, Regina se dejaría llevar en todo momento por el placer: comería lo que quisiera y a la hora que se le antojara, se dormiría cuando tuviera sueño, jugaría a lo que tuviera ganas y, prácticamente, todo el tiempo haría las cosas en el momento en que las deseara. En este sentido, podemos entender que el placer viene cuando hacemos lo que queremos en el momento que queremos y de la manera en la que lo queremos. Esto es muy tentador, pero nos llevaría a vidas desorganizadas y caóticas.

Gracias a los límites, enseñamos a los niños a relacionarse con el placer de tres maneras diferentes: *dosificando*, *posponiendo* y *negándolo*.

Las dos primeras implican *disfrute*. La tercera normalmente tiene que ver con los riesgos que la situación tiene o con una imposibilidad marcada por alguna condición personal.

Cuando el papá le dice a Anya que NO puede comer chocolate a la una de la tarde, le está enseñando a posponer, porque se lo puede comer de postre. Una vez llegada la hora, el padre vuelve a negar el chocolate cuando es el tercero que la niña le pide, entonces le está enseñando a dosificar. Pero si Anya tuviera diabetes, le negaría el chocolate consistentemente hasta que aprendiera a no pedirlo. Es en ese momento cuando la niña nos sorprende al decir: *"No, gracias"* o *"no puedo"* si alguien se lo ofrece.

En el día a día el niño va aprendiendo que sí es posible disfrutar de lo que desea, pero que hay un orden para hacerlo. Sin embargo, los adultos nos preguntamos: *¿Qué ganamos con esto?, ¿no acaba siendo mejor muchas veces dar el chocolate a la una de la tarde que dar lugar a un enojo desagradable y que parece lastimar la relación entre la mamá y el niño?, ¿no hay cosas más importantes por las que vale la pena pelear que por un chocolate?, ¿es tan malo comerse un chocolate antes de la hora de la comida, qué más da si lo come antes o después?, ¿y si el niño promete que se come todo, se lo puedo dar?*

Abordemos esta idea desde otro lado. Hoy el promedio de vida de las personas es de 75 a 80 años aproximadamente. Si educamos durante los primeros 18 años, nos acaban quedando más o menos 60 años de vida adulta, más allá de la suerte que corramos y, aun en el mejor de los casos, la vida de todo adulto tiene un común denominador: *vida cotidiana*, y lo que suele componer a la vida cotidiana, entre otros aspectos, es el *esfuerzo*.

El esfuerzo aparece antes o después en cualquier actividad, proyecto o relación humana, y una vez que el entusiasmo del principio se desvanece, el que viene de la ilusión, dependiendo de lo que se trate, puede durar más o menos tiempo.

Todo en nuestra vida se vuelve cotidiano. Esto no significa necesariamente que pierda su importancia, pero lo cierto es que deja de producir el entusiasmo natural del inicio: la persona que me gusta, el hombre o mujer con quien me casé, el hijo que tuve, el coche, la comida, el trabajo, el reloj, la blusa, la casa, el disco, la noticia del embarazo, el chisme del momento, etcétera.

El esfuerzo evidencia que aunque me guste lo que hago o con quien estoy, en ese momento presente en el que tengo que hacer lo que se espera de mí *preferiría* estar haciendo otra actividad. Aquellos que tenemos la suerte de que nuestro trabajo nos guste de todas maneras padecemos en la tarde del domingo porque "mañana es lunes".

El esfuerzo no produce placer en el momento en que se realiza, sino en el resultado de ese continuo de "tiempos presentes" en los que se llevó a cabo la acción a pesar de que se hubiera preferido, en su momento, haber hecho otra actividad. *El deseo está puesto en el futuro, pero el esfuerzo acompaña el presente.*

Alguien que se entrena en algún deporte hace el esfuerzo de la disciplina cotidiana al interrumpir o posponer lo que desearía hacer, por ejemplo: dormir más tiempo, pero tiene la mirada puesta en lo que quiere lograr, y cuando esto se da, encuentra el bienestar y la satisfacción que vino de los esfuerzos realizados, ya que ve el resultado.

Conforme vamos creciendo, nuestro día a día va acompañado de mayores esfuerzos y los momentos de placer puros van siendo menores, pero paradójicamente la satisfacción aumenta.

Es ahí, en lo cotidiano, en donde las personas debemos de encontrarle el sentido a la vida, y es desde ahí donde debemos reportarnos como personas felices.

La línea del placer

Los seres humanos solemos pensar en la vida como un camino de dos vías: blanco o negro, gusta o no gusta, duele o no duele, se tiene hambre o no, se quiere o no se quiere, divertido o aburrido, salado o dulce, etcétera. Sin embargo, la vida se parece más a un *continuo* de diferentes intensidades en el que lo que planteamos suele estar en los extremos opuestos.

De esta manera, la experiencia del placer puede darse en distintas intensidades y en lo opuesto nos encontramos con el dolor. El bienestar es la frontera que nos lleva a pasar de una experiencia que describiríamos en términos positivos a aquella en donde el malestar aparece en sus diferentes niveles y nos lleva a presentar conductas que buscan evitarlo.

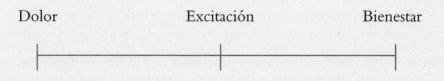

Dolor   Excitación   Bienestar

Ahora bien, entre el bienestar y el dolor tenemos diferentes niveles en la experiencia que va desde incomodidad, malestar, hasta los diferentes grados de dolor. Al contrario, entre el bienestar y la excitación tenemos mayores niveles de bienestar y de gusto, lo que nos encanta, apasiona y excita. Día a día pasamos por distintos lugares y a lo largo de la vida también podemos estar en otros puntos de ese mismo continuo.

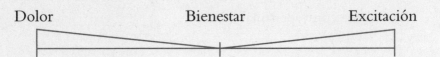

De manera natural todos quisiéramos vivir continuamente experiencias excitantes, pero el asunto se complica porque siempre que se vive de forma repetida una experiencia excitante se va pasando a las partes de en medio del continuo y deja de brindar la respuesta en los niveles que producía al inicio. Se vuelve *cotidiano*.

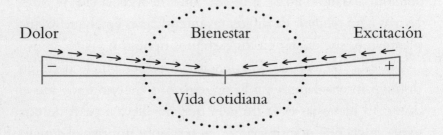

Cuando se recibe la noticia de un embarazo deseado la respuesta es muy excitante, sin embargo la persona no se mantiene en ese estado los nueve meses que éste dura. Se pasa a estados más intermedios del continuo, y se tienen momentos en los que se recupera parte o mucho de la excitación, como cuando se acude a la cita con el médico y éste les dice a papá y mamá el sexo del bebé, pero se regresa nuevamente a puntos intermedios. Incluso, se puede pasar a estados de malestar y dolor continuo con los achaques y volver a regresar al placer. Nos movemos con frecuencia en este continuo.

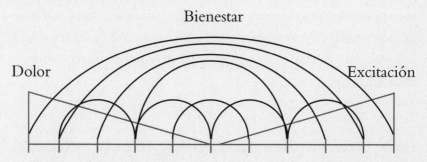

Lo mismo pasa a la inversa. El dolor, cuando es vivido de forma crónica o como una experiencia constante, se pasa al rango de lo cotidiano y cambia su dimensión. Por ejemplo: cuando Ana Paula tenía tres o cuatro años no la mandaban a la escuela si tenía gripa, pero a los ocho o nueve y en día de examen la llevan a pesar de que se siente mal. Si la niña ya es mayor, empieza a saber que una gripa no incapacita la ida a la escuela, y cuando sea adulta ni siquiera lo contemplará como una razón para faltar a trabajar, a menos de que alguno de sus síntomas requiera de atención, como sería la presencia de temperatura alta. En este caso el planteamiento cambia, se falta a trabajar debido a la temperatura, no a la gripa. Entonces los adultos vamos incorporando los diferentes niveles de malestar y dolor en nuestro día y llega el momento en el que el simple bienestar se puede convertir en la mejor de las noticias para Ana Paula.

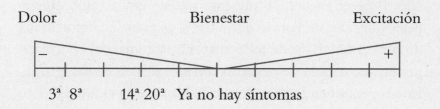

Cuando se acostumbra a un niño a vivir sólo en la excitación y se le evitan las experiencias naturales de malestar que forman parte del día a día, se hace muy estrecho el rango de experiencia agradable, por lo que, con mucha facilidad, va a reportar inconformidad; pero si por el contrario aprende a funcionar a lo largo del continuo, su experiencia de conformidad y disfrute se amplía.

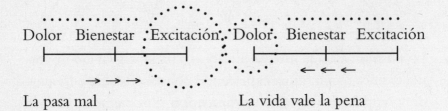

En suma, de la forma en la que aprendemos a relacionarnos con el malestar va a depender en mucho nuestra calidad de vida. El principal beneficiado, si aprendo a relacionarme con el malestar, soy yo. Por lo tanto, si se lo enseño a mi hijo le amplifico significativamente su capacidad para disfrutar y pasarla bien. Para esto estoy preparando al niño y la vida cotidiana nos regala muchos momentos para ponerlo en práctica. Si volvemos al ejemplo de Anya, el chocolate cobra entonces otra dimensión; dejo de verlo como tal y más bien lo utilizo como pretexto para desarrollar en mi hija una habilidad.

Los padres de familia y educadores tienen que aprender a ser bifocales. Ofrecer en tiempo presente aquello que el niño quiere, pero sin perder de vista lo que a través de eso le están inculcando para el futuro. Si de todas maneras se comerá el chocolate, por qué no dárselo de postre, si con eso, además de complacerlo, estoy invirtiendo para él en habilidades para el futuro.

El esfuerzo genera malestar, es por eso que el malestar educa. Aprender a relacionarnos con el malestar le va dando su verdadera dimensión y nos ayuda a no poner el acento ahí, sino en los resultados que de él surgen.

La satisfacción de una buena calificación, el logro de una nueva cinta en el karate, pasar de nivel, etcétera, fueron resultados del esfuerzo hecho, y eso hace que haya valido la pena asumir el malestar e, incluso, darnos el lujo de redimensionarlo.

Te invito a que te regreses al capítulo dos y vuelvas a revisar el tema de la autosuficiencia, ¿queda más claro?

En conclusión: tu hijo no obedece porque prefiere permanecer en el placer que le ofrece la actividad que está haciendo o, dicho de otro modo, porque lo que tú le propones implica esfuerzo y eso ni le gusta ni lo entiende… de momento.

Tolerancia a la frustración o fuerza de voluntad

Lo que hoy se ha dado por llamar *tolerancia a la frustración* es lo que antes revisamos. Muchos de nosotros lo escuchábamos de nuestros padres como *fuerza de voluntad*. Son lo mismo.

¿Cómo me la paso mientras espero a que las circunstancias se presenten como yo quiero? o ¿cómo aprendo a decir NO frente a un placer inmediato a cambio de un bienestar más duradero? La respuesta depende de la capacidad que he podido desarrollar para relacionarme con el malestar de una mejor manera y, a pesar de su presencia, disfrutar.

Los placeres incluso pelean entre ellos mismos, y la tentación de placeres inmediatos siempre van a nublar la visión de las ventajas de elegir el bienestar o la satisfacción posterior que, aunque suelen ser los más duraderos y permanentes, son también los menos intensos. La excitación suele dar intensidad a la vida; el bienestar, en cambio, da seguridad y estabilidad.

¿Nuestro reto? Aprender a combinarlos e irlos entretejiendo.

Aclarando malos entendidos

La tolerancia a la frustración no está relacionada necesariamente con la manera en la que reaccionamos frente a las situaciones que no nos gustan, ni con la expresión de nuestras emociones; más bien tiene que ver con la capacidad para aprender a posponer la satisfacción de nuestras necesidades y deseos. Nada más es aprender a esperar.

Los padres y maestros suelen decir, equivocadamente, que siempre que un niño reacciona con enojo o tristeza desproporcionada a la situación que lo provocó es porque tiene baja tolerancia a la frustración. La forma de reaccionar de los niños se ve influenciada por diferentes factores como personalidad, carácter, madurez en el control de impulsos, educación y práctica, entre otros, pero ninguno de éstos explica la tolerancia a la frustración, ya que su manera de reaccionar tendrá que irse modulando a lo largo del tiempo y será parte de otros de los muchos aprendizajes que irá logrando.

La tolerancia a la frustración está más relacionada con la manera en la que el niño se la pasa mientras espera a que lo que quiere se cumpla, y esto no siempre se da de manera escandalosa. Por ejemplo: Ana María puede responder con un gran berrinche porque no la dejaron ver una película, pero una vez que deja de llorar, se ocupa haciendo otras actividades. En cambio, Diego puede responder de manera moderada y quedarse sentado en un rincón sin hacer nada hasta que le permitan ver la película. Ana María tiene problemas para manejar su enojo, pero no tiene problemas con la tolerancia a la frustración. Diego, por el contrario, tiene baja tolerancia a la frustración, más allá de su nivel de respuesta ante el enojo.

¿Por qué es importante aprender a esperar? Nos pasamos la vida esperando. Todos tenemos deseos a corto, mediano y largo plazos. Desde esperar que se ponga el siga, que otro pase, que me atiendan en el supermercado o en el banco, que termine una clase, que llegue la quincena, que empiece la película, que pase el transporte, que sea la hora de comer, hasta aprender a manejar, las vacaciones, el día de la boda, el nacimiento del bebé… un etcétera interminable.

Esperar también nos ayuda a saber que lo que un niño pide puede formar parte de sus gustos y deseos y no sólo de un antojo del momento, pero esto lo veremos con detalle más adelante. *La tolerancia a la frustración nos permite pasarla bien mientras esperamos*, lo que tiene gran impacto en nuestra calidad de vida.

Si continuamos construyendo el concepto de felicidad después de lo revisado hasta aquí, podríamos decir que *ser feliz va a depender de la capacidad que cada uno desarrolle para incorporar en su vida el malestar de la vida cotidiana, logrando disfrutar a pesar de su presencia.*

Recuerden

✦ El niño está en el proceso de descubrir que es mejor dosificar el esfuerzo cotidiano que evitarlo.

✦ La educación consiste en enseñarle al niño a relacionarse con el placer aprendiendo a posponerlo, dosificarlo y, en ocasiones, a no obtenerlo (negárselo).

✦ La búsqueda de placer es un imán natural en la vida de todo ser humano.

✦ Todo lo que inicia siendo placentero a base de repetición se vuelve cotidiano y empieza a requerir de esfuerzo.

✦ Los educadores debemos ser bifocales.

✦ El esfuerzo va en sentido contrario al placer, pero genera satisfacción.

✦ El placer, en cambio, genera excitación pero no da satisfacción.

✦ Es en lo cotidiano, desde el esfuerzo, en donde debemos reportarnos como personas felices y debemos encontrarle el sentido a la vida.

✦ La educación pretende hacer que el niño descubra que el malestar que resulta de no hacer lo que quiere vale la pena, y por lo tanto le vaya generando poco a poco menor malestar.

✦ La tolerancia a la frustración nos permite pasarla bien mientras esperamos.

✦ La felicidad dependerá de la capacidad que se desarrolle para darle al malestar una dimensión tal, que permita disfrutar a pesar de su presencia.

CUATRO
HERRAMIENTAS COMUNES
Y HERRAMIENTAS ÚTILES

La importancia de obedecer

El aprendizaje por excelencia que ayuda a establecer el resto de los hábitos en los niños es el de la obediencia. El niño que aprende a obedecer, no importa lo que se le pida, lo hará.

Nosotros, como padres y educadores, no pretendemos que el hábito se mantenga así para toda la vida del niño, pero sí lo necesitamos para que se conviertan en las personas que queremos.

Los padres no pretenden que su hijo sea una marioneta, quieren que se convierta en una persona que llegue a autorregular su conducta y asuma la consecuencia de la misma; sin embargo, para lograrlo, primero tienen que hacer que viva de determinada manera para que después sepa desde dónde elegir.

Enseñarle al niño a obedecer ayuda a hacer este trabajo, y conforme pasa el tiempo irá cambiando el motivador de por qué lo va haciendo y para qué.

Obedecer da lugar a una experiencia que, hasta que no se vive, no se sabe si gusta. Lo importante de hacerlo no está en el momento en el que la orden se acata, sino en la experiencia que de ahí se deriva. Por ejemplo: una vez que Fernanda obedece respecto a la hora de irse a dormir, va descubriendo que al hacerlo descansa mejor, no le cuesta trabajo levantarse al día siguiente y su día fluye más armonioso. Poco a poco este hábito llega a ser algo que ella hace porque quiere y lo quiere porque lo conoció.

Para llevar a cabo todas aquellas conductas que se siguen por rutina se requiere de orden y repetición con el fin de favorecer su desenvolvimiento; también se requiere que, de manera consistente, las personas que se hacen cargo de dichas conductas establezcan ciertos patrones de comportamiento para que los niños sepan qué ocurre cuando las respetan y qué cuando no lo hacen. Una vez teniendo este panorama en su cabeza, pueden tomar la decisión que consideren adecuada, asumiendo lo que pasará como consecuencia.

Si hasta aquí vamos de acuerdo, entonces estamos entrando en el terreno de lo que en términos generales las personas suelen conocer como premios y castigos *versus* derechos y obligaciones. Ambas categorías son consecuencias, porque se derivan de la conducta que la persona comete; sin embargo, tienen implicaciones diferentes.

Voy a hablar de cada una por separado y después voy a integrar ambas.

Premios y castigos

La psicopedagogía dice que esta forma de educar, más allá de si es correcta o no, no funciona. Yo siempre me he preguntado, aunque estoy convencida de que no es la manera de educar y de que, en efecto, no sirve, ¿por qué es tan utilizada si no funcionan? La respuesta es simple: porque *parece* que funciona. Y digo que *parece* porque justamente muchos papás han experimentado que en una situación cualquiera su hijo puede acceder a hacer algo que no quería frente a la oferta de un premio o al temor de un castigo. Por ejemplo: si su papá quería que Jorge tendiera su cama y después de cualquiera de estas opciones lo logró, ¿quién dijo que no funcionaba?, ¿no se trataba de conseguir que la cama terminara tendida por él?

Y justo en la pregunta está la respuesta. Los premios y los castigos parecen funcionar porque, precisamente, su propósito está en el corto plazo, en lo inmediato. La cama tendida, el juguete recogido, la tele apagada, la tarea hecha, etcétera, en el momento nos sacan del problema.

Todo niño es sobornable. Por ejemplo: si una mamá le pregunta a su hija Valeria, a cambio de qué haría lo que quiere que haga, seguro llegan a un arreglo. El asunto aquí es que los papás, aunque quieren que obedezca en ese asunto en particular, también buscan que la niña adquiera ese comportamiento como parte de un hábito, y eso no sucede con los premios y castigos.

Dicho de otra manera, el padre que resuelve una situación con premios y castigos no está invirtiendo en nada, soluciona el problema del momento, pero a la mañana siguiente vuelve a empezar de cero y eso es muy desgastante porque equivale a recorrer el mismo camino todos los días en lugar de avanzar para llegar a otro.

El premio y el castigo le mandan a Valeria el mensaje de que aquello que se espera de ella, en realidad, se espera no para que aprenda de la vida, sino para que solucione un problema que es de los papás. Digamos que con el premio pagan al niño por sus servicios y con el castigo se vengan porque no cooperó con ustedes.

¿Para qué y para quién están educando a su hijo? ¿Lo educan para que él tenga las herramientas necesarias para desenvolverse en la vida?, ¿o lo educan para que la vida sea más fácil para ustedes? Sólo la primera pregunta incluye los dos propósitos. Hasta el momento ya vimos que los premios y castigos:

a. Resuelven lo inmediato.
b. Son de corta duración.

Pero también:

c. Convierten los padres en jueces de sus hijos. En todo momento tienen que estar llevando a cabo un análisis de cada conducta para poder determinar la sentencia correcta. Esto, además de desgastante, es una pérdida de tiempo terrible. Imaginen por un instante que cada vez que un automovilista se pasa el alto se tuviera que hacer toda una revisión detallada de las causas, motivaciones, frecuencia, etcétera que lo llevaron a eso para poder decidir la multa.
d. El premio y el castigo están sujetos a una inflación constante. Los niños ya no se conforman con lo mismo de las primeras veces y cada vez van requiriendo más y más cosas. Incluso, al recibir la orden dicen frases como: *"Bueno, ¿pero que me vas a dar?"*, o ya piden lo que quieren. Curiosamente, ustedes papás sienten un gran enojo frente a esta reacción, cuando han sido quienes les han ido enseñando a cotizarse mejor.
e. Ponen el acento en la situación. La cama, el juguete, la tarea, la mesa recogida, etcétera. Si recordamos la idea que hemos revisado antes de que es a través de estas situaciones que buscamos entrenar una habilidad, la tarea, en sí misma, no es el objetivo final, la utilizamos como pretexto para inculcar la responsabilidad y esta habilidad es

la que nos importa, la cual se va a ir expresando a lo largo de la vida por medio de conductas distintas y, por qué no, que la cama quede tendida.

f. Le da la responsabilidad a los padres. De esta manera si el niño no obedeció es porque el papá no supo hacer la oferta correcta.

¿Alguna vez han tenido la sensación de que han hecho de todo y nada parece servir?

Es cierto que los premios y castigos parecen funcionar, pero aun cuando alguien sólo quisiera ir saliendo avante en el día a día sin pensar en el futuro, seguro ya descubrió que llega un momento en que esto tampoco sirve. Si un niño vive constantemente siendo premiado y castigado se acostumbra y acaba por dejar de responder de la manera esperada. Al final tampoco los padres ganan nada.

Derechos y obligaciones

Los adultos nos manejamos mejor con derechos y obligaciones porque es la forma que se parece más a la manera en la que se mueve el mundo. Normalmente nadie nos persigue, pero si queremos obtener algo, sabemos lo que tenemos que hacer para que suceda.

Cuando alguien es responsable, se nota. La responsabilidad se infiere a partir de comportamientos específicos esperados frente a las exigencias del espacio en el que nos desenvolvemos en cada momento o etapa de nuestra vida. En la infancia se muestra por medio de conductas como tender la cama o hacer la tarea, pero con el paso del tiempo se verá reflejado en la actitud frente a la cual se maneja un coche o en los acuerdos tomados en un determinado grupo, para después ser evaluado a través de la manera en la que se responde en el trabajo o frente a los hijos. Tender la cama no es un acto de responsabilidad en sí mismo, pero sí puede ser la manera en la que es posible cuantificar la actitud responsable de alguien en determinado momento de su vida.

Lo que realmente acaba importando es el hábito que se hace, sin importar cómo se tenga que expresar en cada momento.

Éstas son algunas características de los hábitos:

a. Los derechos y obligaciones generan hábitos.

b. Son de larga duración. Todo hábito implica su permanencia durante largos periodos de tiempo, siempre que siga siendo útil en lo cotidiano.

c. Aunque los hábitos vayan cambiando, lo que les da sustento permanece y se va haciendo un modo de vida; ello permite adoptar una misma forma de funcionamiento adaptada a una nueva situación y a sus exigencias. Alguien puede ser responsable en el trabajo, en el auto, cuidando niños o vendiendo pelotas y en cada una de las situaciones se esperan conductas diferentes.

d. Ponen énfasis en el cumplimiento de tareas, no en la conducta específica, aunque sea justo esta conducta la que evidencia el hábito.

e. Le dan la responsabilidad al niño. En su vida va pasando aquello que gracias a sus actos va pudiendo disfrutar, si esto no pasa, es porque él no hizo lo necesario para que sucediera.

f. El adulto con autoridad deja de ser un juez para convertirse sólo en alguien que verifica que se cumpla aquello que puede pasar, dependiendo de las acciones del niño. No necesita estar calificando a cada momento lo que es o no conveniente, sólo lo establece y a partir de entonces lo verifica.

De esta manera el hijo pasa de ser un "niño que hace lo que se le pega la gana" a "un niño que hace lo que se le pega la gana asumiendo las consecuencias de sus actos". Así los padres le van enseñando a tener el control de su propia vida.

En la medida en la que la casa sea una reproducción en pequeño de la forma en la que el mundo funciona en el exterior, le irá permitiendo al niño una adaptación paulatina de acuerdo con sus necesidades y condiciones de desarrollo para facilitarle su incorporación a la vida adulta.

¿Qué es un derecho en la vida de mi hijo?

Con frecuencia los padres tienen dificultad para poder ubicar cuáles serían los derechos de los que se pueden valer para educar a sus hijos. Pregúntate: *¿Qué son esas actividades que tu hijo suele hacer por gusto cuando no tiene que estar cumpliendo con algo por deber?, ¿en qué ocupa de manera espontánea su tiempo libre?, ¿qué tipo de actividades prefiere?* Las respuestas te van a dar una idea. Normalmente van relacionadas con juguetes, videojuegos, alimentos preferidos, decidir lugares a donde quiere ir, etcétera. Son objetos o actividades que son parte de su vida cotidiana y para lo cual no necesitan pedir permiso, sólo acceden a ellas.

Por ejemplo: la televisión. En su casa, Constanza puede saber que mientras esté hecha la tarea y no sea la hora de bañarse puede prender la tele. Éstas son situaciones que se desprenden de forma espontánea del estilo de vida que la familia tiene.

Una persona adulta puede recibir en su casa todos los días el periódico y leerlo a la hora que desayuna. Si un día se le hace tarde, lo sacrificable es la lectura del periódico, porque tiene preferencia lo prioritario: arreglarse y salir para llegar a tiempo al trabajo. Dada la obligación se repliega el derecho a leer el periódico. El periódico, en este caso, no es un premio porque es un disfrute propio de lo cotidiano.

Los niños suelen tener en su casa acceso a una serie de cosas que les gustan y disfrutan, y los padres pueden posponer su uso hasta que la obligación esté cumplida.

Lo que les suele dar mejores resultados es relacionar cada obligación de Constanza a un derecho específico y de esta manera establecerlo como regla. Así, una regla podría ser: "El niño que no hace la tarea no ve la tele", "quien no se termine la comida no tiene postre", "si no se guarda el juguete que se utilizó no se puede jugar con otro", "el que pierda una prenda de ropa la repone con el dinero de sus domingos", "el que no esté listo a tiempo no va a la fiesta", y así sucesivamente.

Es cierto que los padres no pueden reglamentar todas las conductas que Constanza puede estar presentando porque entrarían en un desquiciamiento familiar absoluto. Hay conductas que dada la edad no van a esperar necesariamente de un niño, y eso hace que tengan que establecer su código de prioridades en función de las etapas de desarrollo de los niños.

Sería absurdo pensar en pedirle a un niño de dos años que se vista solo, pero sí se puede esperar que no se muestre renuente cuando se le está vistiendo. Cada edad les irá marcando qué puede ser algo esperado y qué van a tener que ir haciendo por ellos.

De hecho, la educación es un proceso en el que los padres van soltando al niño. Empiezan por hacerle todo al bebé para, poco a poco, ir haciendo que él se involucre hasta volverlo completamente autosuficiente.

Ya hablamos antes de las cinco áreas que dan lugar a la autosuficiencia. Cada una está integrada por un sinfín de pequeñas conductas que los padres van a tener que ir inculcando conforme el niño crece. Nadie espera que un niño pequeño lleve a cabo impecablemente todo lo relacionado con cada área, pero sí que vaya adquiriendo cierto nivel de autonomía, dependiendo de su edad.

¿Cómo empezar o qué conductas elegir primero? Generalmente suelo recomendar que se tome una conducta de cada una de esas áreas y sea sobre la que se genere la regla, siempre de acuerdo a las capacidades del niño y su edad.

En un niño pequeño, por ejemplo:

a. **Área de productividad**. No suspender la asistencia a la escuela a menos de que exista alguna enfermedad y destinar en el transcurso de la tarde un tiempo para que haga su tarea.

b. **Área de alimentación**. Que se mantenga sentado mientras come.

c. **Área del orden**. Cada objeto que utiliza para jugar lo tiene que guardar antes de sacar otro.

d. **Área del arreglo personal**. Levantarse de la cama y desvestirse.

e. **Área de higiene**. Acceder en los horarios para bañarse.

A cada una de estas acciones los padres tienen que adjudicarle un derecho que se perdería si no lo cumple, lo que no quiere decir que el resto de las actividades que un niño necesita hacer con respecto a cada área no se haga; se les da seguimiento y se acompañan, pero no se les hace pagar una consecuencia en el caso de que no se cumplan.

Los padres únicamente deben centrarse en las acciones que están tratando de volver hábito y, poco a poco, una vez que el niño ya las tiene integradas en su comportamiento, pasan a otra. Es así como, con el paso del tiempo, van accediendo cada vez más a conductas más complejas, ya que cada una de las áreas implica un repertorio muy amplio de diferentes conductas para lograr que se abarquen por completo.

Comer, por ejemplo, implica una serie de aprendizaje de modales que no se van a poder corregir al mismo tiempo y que hacen que para que un niño aprenda van a tener que ir desde la cooperación completamente pasiva, hasta la capacidad para comer solo sin dejar rastro alguno en su lugar, pasando por el uso adecuado de los cubiertos, el comer sentado, el no masticar con la boca abierta, el no poner los codos sobre la mesa, el terminarse lo que le sirven, etcétera. Y así podríamos revisar cada una de las áreas y sus implicaciones. Es por eso que los padres tienen varios años para educar, y aunque son muchos, son apenas suficientes para que empiecen desde que el bebé llega a la casa. Crear un hábito lleva tiempo y son varios los que van a tener que formar.

Revisando hasta aquí, es momento de tomar en consideración que un objetivo a mediano plazo en la educación de los niños es lograr llegar con buenas bases a la adolescencia. Los padres educan los primeros 12 años de la vida; de los 12 hasta alrededor de los 20 sólo contienen, y después de los 20, si bien les va, opinan.

Aunque a lo largo de nuestra vida los adultos estamos aprendiendo y por lo tanto en todo momento estamos siendo educados, es en los primeros años cuando educar está más relacionado a la idea de inculcar. Inculcamos valores, hábitos, creencias, costumbres, etcétera. Todo lo que hacemos tiene la intención de dar lugar a la autosuficiencia de los niños, es como si los estuviéramos empujando.

En la adolescencia, por el contrario, lo que les llevará más tiempo y energía a los padres será la necesidad de contener a los chicos. ¿No es posible seguir inculcando hábitos en ellos? Como posibilidad sí, sin embargo, el desgaste que genera la necesidad de estarlos conteniendo, dada la intensidad que esta etapa representa, hace con frecuencia que aunque existan buenas intenciones, acabe siendo poco probable que puedan inculcar grandes hábitos todavía.

Es por eso que una buena educación en límites y disciplina en la infancia facilita mucho los procesos que van a darse posteriormente y les ayuda a los padres a poner toda su energía en las demandas que las diferentes etapas de sus hijos van a representar para ellos.

RECUERDEN

✦ La plataforma de la que parte la educación es la obediencia.

✦ Buscamos pasar de la obediencia a la autorregulación.

✦ Lo importante de obedecer está en la experiencia que se deriva de ahí.

✦ Los premios y castigos parece que funcionan porque resuelven en el corto plazo, pero no se genera ningún hábito.

✦ Los derechos y obligaciones forman hábitos a futuro.

✦ La casa debe ser una reproducción, en pequeño, de la manera en la que el mundo funciona.

✦ Educamos en los primeros 12 años, después sólo contenemos.

CINCO
ENTRELAZANDO HERRAMIENTAS

Ante la excelencia y la reincidencia

Aunque en efecto es posible educar sin utilizar premios y castigos, también es cierto que bien usados pueden favorecer el proceso educativo y encuentran su equivalente en la vida del adulto en lo que conocemos como prestaciones o incentivos en los trabajos. Son ese *plus* que un empleo puede ofrecer como estímulo para que la persona haga, con una mayor motivación, lo que ya está considerado como su obligación al ser contratado y por lo que será remunerada a través del salario. Es por esto que si los padres quieren valerse de los premios y castigos para educar, es posible, sólo hay que saber usarlos.

Los premios y los castigos suelen ser útiles cuando los padres los usan frente a la repetición de una conducta. *El premio reconoce la excelencia del buen comportamiento y el castigo busca detener la reincidencia del mal comportamiento.*

Hay muchos niños que frente a la primera vez que les aplica una consecuencia, modifican su conducta, pero otros, en cambio, tienen que vivir la experiencia varias veces para modificarla. En estos casos en particular los premios y castigos pueden ser un apoyo importante.

Por ejemplo: si en casa de Pablo y Mauricio existe la regla que implica que "el que no coma bien no tiene postre o dulces" se está estableciendo una consecuencia para una conducta, pero si los padres se quieren apoyar en los premios y castigos se agrega a la regla un premio si cualquiera de los dos niños come bien toda la semana; esto hace que frente a la repetición de los siete días de las semana (excelencia en el comportamiento), además de haber comido postre cada día, el domingo puede ser quien escoja la película que van a ver. En cambio, si alguno de los dos falló tres días de la semana, además de no comer postre, el domingo está castigado y no puede ver la película que verán en familia. Con esto se pretende evitar que la tendencia que hay a no comer se siga repitiendo.

En el planteamiento de este ejemplo estamos dando un rango en el que si se falla no pasa nada extra, sólo se paga la consecuencia. Se puede fallar uno o dos días y no se cuenta ni con premio ni con castigo, lo que estarían castigando los padres es la reincidencia de la falta, pero no una o dos faltas, ya que cada una ya tiene implicada su consecuencia.

En la medida en la que los niños van creciendo los padres deben ir alargando los plazos. Lo que empezó siendo premiado cada semana, después se premia cada dos o cada mes, hasta que deja de premiarse porque la conducta ya se incluyó dentro del repertorio de hábitos del niño y pueden utilizar este procedimiento con alguna otra conducta que estén trabajando.

Una nota importante, el premio no se avisa, llega sorpresivamente en el momento en el que va a ser otorgado y se especifica por qué. Siguiendo con el ejemplo anterior: cuando los papás llevan a sus hijos al cine o verán alguna película en *streaming* pueden decir: *"Pablo, hoy tú vas a escoger la película que veremos porque en toda la semana comiste muy bien"*.

Si Pablo cuestiona a los padres si eso va a pasar también la próxima vez, ellos deben responder que no necesariamente, aunque por esta vez están reconociendo su esfuerzo y que el postre sí es algo que pasará siempre que él cumpla. Si el niño pretende cambiarlo por otra cosa, ellos deben dejar en claro que no es su obligación ver la película que él quiere, que sólo están concediendo un privilegio en reconocimiento a lo que hizo, pero que si no quiere no lo acepte y no se cambiará por otra cosa.

El castigo, por el contrario, sí se notifica. Sólo que no se hace desde el principio, sino cuando el niño está por acumular la repetición que lo llevaría a él. Cuando por segunda ocasión en la semana no comió bien y se perdió el postre, entonces se le avisa, ya sea en ese momento o antes de empezar la comida del día siguiente, que si se vuelve a repetir la conducta del día anterior no podrá ver la película el domingo.

Esta combinación puede ayudar a motivar a Pablo y a Mauricio, y sirve como incentivo para que no abandonen una secuencia de conductas exitosas el día que tienen flojera y les está costando más trabajo cooperar. Por ejemplo: Mauricio ya lleva tres días comiendo bien y en el quinto está presentando dificultades. Entonces los padres en ese momento pueden decir que ya falta poco para terminar la semana y que va muy bien. En este caso se puede avisar del premio diciéndole que si hace el esfuerzo de ese día y el que falta, recibirá el premio. Vale la pena utilizarlo porque lleva mucho más tiempo comiendo bien, pero los padres no deben decir nada el segundo día de la semana, cuando falta más por lograr, porque parecerá que están ofreciendo un pago por su servicio, cayendo en una de las características que mencioné en los premios y castigos, que los hacen no ser buenos para el proceso educativo.

El premio no debe darse si se vuelve una petición del niño en alguna de las ocasiones de la semana como "condición" para comer, diciendo: *"Bueno, pero yo escojo la película el domingo".* Si los papás aceptan este tipo de situaciones entran nuevamente en un proceso de regateo de obediencia que no va a terminar bien y se va a revertir el proceso que estaban trabajando. Lo ideal es utilizarlo de maneras aleatorias, no volverlo parte del funcionamiento de la familia. Elegir situaciones un tanto al azar.

Sólo en los casos en los que los padres van a trabajar para quitar un mal hábito o conducta inadecuada, que ya es parte de la vida diaria, se hace un plan de trabajo que puede incluir tanto el premio como el castigo de una manera clara y preestablecida durante un lapso de tiempo, hasta que la nueva conducta se haga hábito.

Diferencias entre los premios, castigos y derechos

Las diferencias no están en los objetos, situaciones o el dinero que cuestan. La diferencia realmente radica en la manera en la que se usan los premios, castigos y derechos. Un mismo objeto puede ser un derecho o un premio. Los derechos son aquellas situaciones que forman parte de lo cotidiano, los que están implicados en su funcionamiento diario y a los que los niños pueden tener acceso por vivir en esa familia. Los premios, en cambio, son objetos que se dan o actividades que se permiten, pero que no eran parte del estilo de vida, por lo menos hasta ese momento.

Por ejemplo: una pelota puede llegar a la casa como premio por el reconocimiento a la excelencia en el rendimiento académico, pero una vez que ya está en ella forma parte de los derechos y el niño puede jugar sin tener que pedir permiso, incorporándola a sus actividades de forma natural. Así, si Naomi no puede jugar con ella porque sus calificaciones no alcanzaron los niveles esperados, **no perdió nada**, sólo no ganó. Un premio no se pierde, sólo no se gana. En cambio, un derecho se tiene o se pierde, dependiendo de la obligación de la que viene acompañado; como la pelota que, si está en casa, ya se tiene, y si no puede jugar con ella, la perdió, hasta que gracias al cumplimiento de su obligación pueda recuperarla.

El premio, en cambio, no necesariamente vuelve a ser una posibilidad si el próximo año Naomi obtiene buenas calificaciones, porque los premios no siempre están. Incentivan, pero no hacen que la conducta dependa de ellos. El derecho sí depende de la conducta.

Los derechos se pierden y se recuperan porque dependen de nuestra conducta; en cambio, los premios y los castigos se ganan, están en manos de otros.

Con el castigo y su diferencia con la pérdida de derechos tenemos un asunto un poco más complejo. Normalmente decimos que alguien que no puede gozar de una consecuencia está castigado. Y entonces, más bien, parece que tendríamos que hablar de castigos adecuados o convenientes y castigos inadecuados.

En general, se tiende a pensar que un castigo es algo que:

- No guarda relación con la conducta inadecuada.
- Violenta, agrede o humilla al niño.

La suspensión del derecho, por el contrario, es justo aquello que se deriva de manera lógica del comportamiento inadecuado de Naomi. Sin embargo, como muchos ya hemos experimentado, no siempre queda tan claro qué consecuencias se derivan de ciertas conductas.

El cambio por aprendizaje y el cambio por miedo

La necesidad de diferenciar entre castigos y suspensión de derechos surgió como resultado de la costumbre que había de encerrar al niño, pararlo en una esquina con orejas de burro o agredirlo física o verbalmente, las cuales no son conductas que educan, ya que de la acción implementada no se aprende nada, por el contrario, lastiman la relación entre los miembros de la familia y violentan la integridad personal y el derecho inalienable a recibir un trato digno. Es cierto que pueden modificar la conducta del niño, y hasta ahí parecería que se tuvo éxito; sin embargo el motivador de este cambio es el miedo. Desde ese punto de vista, el niño modificaría su conducta para evitar lo que no le gusta.

Las consecuencias, en específico las que privan de un derecho, tienen la intención de buscar que el niño decida modificar su comportamiento como resultado de una decisión consciente de lo que quiere que pase en su vida, y esto facilita un camino de aprendizaje.

Por ejemplo, volviendo a la regla de la comida y el postre: si el niño no come y el papá lo castiga dándole tres nalgadas, él puede aprender a comer por miedo a que se le pegue, por ende, parece que se logró el cometido porque comió. Aunque la realidad es que el niño no encuentra el sentido a la experiencia y con el tiempo puede desarrollar fobia contra los alimentos y relacionar una experiencia de ansiedad respecto a ellos, que puede dar lugar a trastornos alimenticios.

Pero si en lugar de darle tres nalgadas el padre sólo le retira el postre, lo deja con las ganas de algo que le es placentero y el niño descubre que en sus manos está la posibilidad de disfrutarlo si se termina la comida. Esta acción le permitirá ir aprendiendo que todo tiene cierto orden de funcionamiento y que él resulta beneficiado cuando come bien, y además tiene acceso al dulce. Llevado más lejos, descubre que cuando se quiere gozar de algo hay maneras de llegar a eso y que el camino no es lastimoso, ni desagradable, a lo mejor un tanto molesto, pero dependerá de lo que él decida.

La suspensión del derecho abre la puerta a alternativas y a la conciencia en la toma de decisiones. El castigo, por el contrario, sólo genera conductas de "evitación" y hace sentir al niño que no hay opción. Estas experiencias suelen llevarlo a acumular enojo y frustración.

Sé que he comentado antes que el enojo y la frustración pueden ser educativos y sí, en efecto lo son, pero no todo enojo y frustración, sino aquellos que llevan a encontrar alternativas y no los que te atrapan bajo la motivación del miedo, que sólo busca la supervivencia y no el desarrollo de habilidades.

Los padres buscan educar a un niño no para vengarse de él, sino para que logre tomar el control de su vida.

Cuando el miedo es el motivador del cambio de comportamiento de un niño, éste tenderá a crecer con un gran resentimiento, lo que con frecuencia lo llevará a hacer pagar a otros a quienes perciba más vulnerables, con actitudes agresivas y violentas hacia ellos. Por consecuencia, hará de la intimidación y la amenaza los elementos de interacción para las relaciones interpersonales que le resulten más satisfactorias porque, al menos, le implicará ser reconocido, ya que de lo contrario supondrá que la única alternativa posible con la que cuenta es tener que seguir siendo sumiso y temeroso. Aunado a esta situación, hay una vivencia carente de amor con las repercusiones que conlleva y que revisaremos un poco más en el capítulo nueve.

De la amenaza al aviso

Con más frecuencia de lo que los mismos padres quisieran se ven a sí mismos condicionando a sus hijos ante cada orden que les dan: *"Acábate la sopa o no vas a la fiesta"*, *"levanta tu suéter o apago la tele"*, *"métete a bañar o no te leo el cuento"*. Los niños parecen acostumbrarse a estas frases, sin embargo los papás viven esta situación con mucha molestia y sienten que crean ambientes muy estresantes y desagradables.

¿Tienen los padres que vivir amenazando a sus hijos para que obedezcan? Es una de las preguntas que ellos me hacen con frecuencia. Primero, una amenaza es aquello que le anticipamos a un niño que le sucederá si hace tal o cual cosa y que a la hora en que la hacen no sucede. Quienes vuelven lo que dijeron en una amenaza son los padres al no cumplirla. Ahora bien, si el niño presenta dicho comportamiento y los padres cumplen lo que habían anticipado, lo que dijeron no fue una amenaza, sino un aviso.

Padres: ¡no amenacen a sus hijos!, porque eso significa que no están ejerciendo su autoridad y que están perdiendo imagen frente a ellos. La pregunta correcta sería: *¿Tengo que vivir avisándoles a mis hijos lo que va a pasar para que obedezcan?* La respuesta es: **no**. Como ya mencioné antes, en la medida de lo posible un niño debe saber qué pasará como resultado de su comportamiento, pero con una vez que se lo hayan dicho basta. Finalmente, lo que le dejará clara la regla es la aplicación de la consecuencia, y esa experiencia es la que le recordará cada vez que esté frente a una situación similar.

Por ejemplo: Eugenio sabe que debe hacer la tarea antes de prender la televisión; probablemente al inicio del año escolar su mamá le dijo que ésta sería la manera en la que se funcionaría, por lo tanto no necesita volver a repetirlo. Con que no se permita que la televisión sea encendida, Eugenio recordará que no ha hecho la tarea. Cuando un niño es muy pequeño, es necesario que sus padres le recuerden que tiene que hacer su tarea porque ya conoce la regla, pero nada más. No necesitan ser más específicos, ni mencionar la televisión cada vez que se está haciendo la tarea. ¿Recuerdan la frase que de niños escuchábamos con frecuencia de la boca de nuestros padres: *"Entonces, atente a las consecuencias"*?

Habrá ocasiones en las que el niño presente un comportamiento que no habíamos estipulado como falta y será la consecuencia la que le avise que eso no se hace. En este caso, no hubo aviso y mucho menos amenaza, pero no por eso van a dejar de educar.

Recuerden

✦ Se puede educar sin premios y castigos.
✦ El premio se usa para reconocer la excelencia del comportamiento y el castigo para detener la reincidencia de un mal comportamiento.
✦ El derecho es algo que ya forma parte de la vida del niño. El castigo, en cambio, es algo nuevo.
✦ El castigo, cuando es la pérdida de un derecho, da lugar a un aprendizaje. Cuando es algo que lastima la integridad

o humilla, genera el cambio de comportamiento como resultado del miedo.

✦ La amenaza es un aviso que no se cumple.

✦ Un niño merece ser avisado de las consecuencias de su conducta, pero debe hacerse una sola vez.

✦ Cuando se comete una falta a la que no se le había establecido una consecuencia, no debe de quedar impune.

✦ No se educa a los niños para vengarse de ellos, se les educa para que tomen el control de su vida.

SEIS
NO TODO SON CONSECUENCIAS

Recomendaciones para no volverse loco

Intentar poner consecuencia a toda conducta llevaría a los padres a una forma de vida insostenible, ya que pasarían el día entero supervisando su cumplimiento y tendría a los niños constantemente pagando el precio. Con la finalidad de poder entender esta idea, voy a clasificar los comportamientos inadecuados en tres tipos distintos:

Primero, aquellos comportamientos a los que van a establecerles una consecuencia, de preferencia en función a derechos, como ya lo mencioné antes.

Segundo, aquellas conductas que simplemente hay que verificar que se lleven a cabo, y

Tercero, aquellas que implican reparación del daño.

Hacer que haga, ¿simple?

A lo largo del día hay muchas cosas que los padres piden a sus hijos que implican acciones sencillas, pero que ellos se rehúsan a hacer como: *"Levanta tu suéter", "cierra la puerta", "dame la mano"*, *"vente a comer"*, *"apaga la tele"*, etcétera, que ponen a los padres en una disyuntiva: tener que amenazar o repetir la instrucción varias veces, hasta lograr que lo hagan.

Escena típica en una familia:

—*Marcelo, por favor recoge el lápiz.*

—*Ahorita, ya voy, espérame tantito, yo no lo tiré* (o cualquier otra respuesta que se derive de esto, así como un gran silencio resultado de ignorar la orden).

—*Marcelo, te estoy hablando, por favor levanta el lápiz.*

—(Nada.)

—*Marcelo, cuento hasta tres y si no levantas el lápiz te las vas a ver conmigo.*

—(Nada.)

—*Marcelo, por favor, si no quieres que te grite, levanta el lápiz.*

—(Nada.)

—*Marcelo, te vas a quedar sin ir a la fiesta, ¿eso quieres?*

—(Nada.)

—*Marcelo, te estoy hablando…*

Y así sucesivamente hasta que en la veinteava ocasión van completamente alterados a gritarle a Marcelo frases como: *"¡Qué no entiendes!"*, *"¿en qué idioma quieres que te hable?"*, *"¿te gusta que te grite o qué?"*, etcétera. En el mejor de los casos sólo gritan rojos de coraje, pero en el peor insultan, zarandean o pegan; es entonces cuando Marcelo recoge su lápiz.

En ese momento los padres acaban de comprobar algo que los niños saben: *Cuando papá o mamá quieren ser obedecidos, lo logran.* El problema es que a papá o a mamá no les gusta lo que tienen que hacer para conseguirlo.

Al ver el resultado, Marcelo levanta el lápiz y los papás pueden llegar a repetir este mismo camino muchas veces dado que en apariencia funcionó, pero sobre todo llegan a convencerse de que en verdad la obediencia fue resultado del nivel de enojo y los gritos (o golpes) que dieron.

Nada más ajeno a la realidad. Lo que en verdad dio resultado no fueron los gritos y la alteración con la que se dijo la última vez, sino la *firmeza* que acompañó la última instrucción. El mensaje fue muy claro: **ya no hay alternativa, tienes que levantar el lápiz.**

Para ser firmes no tienen por qué gritar, alterarse, levantar la voz, insultar, humillar o golpear. Es más, ni siquiera se requiere de que repitan la instrucción varias veces, y para esto hay una recomendación muy específica: *cuando den una orden díganla una vez, la segunda acompáñenla de una acción.*

Si le dicen a Marcelo que levante el lápiz y no lo hace (no importando si guardó silencio o dio alguna respuesta), se acercan a él y le dicen en un tono firme y serio que levante el lápiz.

El acercamiento físico y el tono de voz mandan el mensaje claro de que no hay alternativa, ése es el momento en el que Marcelo debe dejar de hacer lo que esté haciendo y abrir un espacio para llevar a cabo lo que se le está pidiendo. Una vez que lo hace, le dan las gracias y le dicen que puede continuar con lo que estaba haciendo.

Cuando se repite muchas veces la misma orden, sólo se está repitiendo con otras palabras la primera instrucción, y los niños aprenden que mientras no les den muestras de que el plazo se terminó, ellos no tienen por qué preocuparse por llevarla a cabo. El niño toma las repeticiones de la orden como avisos de que "probablemente tendrá que levantar el lápiz" pero que, en caso de ser así, aún no ha llegado el momento.

Recuerden siempre que cuando un niño se rehúsa a obedecer es porque está en una actividad que le está resultando más placentera que lo que le están pidiendo, y siempre que su competencia sea el placer vamos a tender a perder, a menos de que su actitud le recuerde que es momento de posponer.

¿Por qué digo que el niño "escucha" que "probablemente" tendrá que obedecer? Porque en muchas ocasiones cuando se ha repetido con frecuencia una orden y él no la obedece, a la mitad del camino los padres abandonan el seguimiento de la instrucción y terminan recogiendo el lápiz. Por supuesto, la acción va acompañada de alguna frase condenatoria como: *"Después no me pidas esto o aquello"* o algo por el estilo, que suele terminar en nada.

Si su palabra no es prioridad para ustedes, tampoco lo será para su hijo.

Así que el mensaje debe ser claro: "**Cuando yo te pido algo, más te vale que pienses lo que vas a hacer**", pero si ustedes piden algo y lo pueden seguir y seguir pidiendo sin que pase nada, quiere decir que aceptan que hay situaciones que en ese momento adquieren mayor relevancia y que, por lo tanto, pueden "esperar juntos" (ustedes pidiendo y él ignorando) hasta que las señales avisen que el plazo se terminó. El desgaste es inmenso y todos terminan enojados.

Probablemente estén pensando que ahora van a tener que pasársela acercándose a su hijo para lograr que obedezca, y tengo que decirles que es posible que las primeras veces esto vaya a pasar, pero los niños son eso, niños, no tontos, y no les gusta que alguien los trate de esta manera cada vez que tienen que hacer algo, por lo que muy probablemente después de pocos intentos, en cuanto se dirijan hacia él, empezará a ponerse en movimiento diciendo: *"Ya voy"*. Poco a poco irán notando que va siendo menos necesario que pasen a la segunda llamada.

Todo comportamiento se hace hábito.

Es cuestión de repetirlo las veces que sea necesario, ya lo verán más adelante.

Reparar el daño

Existen muchas conductas inadecuadas en los niños en las que sólo hay que hacer que repare el daño. Por ejemplo: pierde, rompe, roba, tira, pega, muerde, insulta, lastima, agrede, etcétera. La reparación o reposición es ya en sí misma la consecuencia, por lo que no es necesario agregar nada extra.

Aquí es importante hacer un pequeño paréntesis: cuando un niño presenta cualquiera de las conductas antes mencionadas tiene que reparar. *No importa la intención con la que lo hizo.* Ya sea si fue un accidente, resultado de una provocación o a propósito. Esto quiere decir que si Daniela ya no tiene suéter porque lo perdió, se le olvidó, se lo robaron o lo dejó porque tenía flojera, de cualquier manera tiene que participar en la reposición del mismo.

Volvamos a la bifocalidad. En el corto plazo, involucrar a Daniela en la reposición del suéter ayuda a evitar que aparezcan las mentiras. Si la niña dice que le dio flojera regresarse por él y éste se pierde, la van a regañar y no van a dudar en implicarla en su reposición porque piensan que "se lo merece". Pero si Daniela resulta que ya no tiene suéter porque se lo "robaron", y ustedes la liberan de la consecuencia al considerarla "víctima", entonces aprenderá que, dependiendo de lo que les diga, puede salir bien librada. Como resultado de esta acción es muy probable que empiece a dar explicaciones para evitar la consecuencia, dando paso a un tipo de mentiras muy frecuentes en los niños. La mayoría de las mentiras que los niños dicen tiene la intención de evitar el castigo.

Por otro lado, considerando el largo plazo y las habilidades que los padres pretenden educar a partir de lo cotidiano, ésta es una oportunidad para educar a un siguiente nivel: la responsabilidad. Me explico: la responsabilidad tiene diferentes niveles. En su forma más básica esperamos que alguien asuma las consecuencias de lo que decidió hacer. Sin embargo, hay muchos efectos que tenemos que asumir en nuestra vida que son resultado de actos accidentales y otros que, aunque fueron actos deliberados, por decirlo de alguna manera, dieron lugar a situaciones que nosotros no habíamos contemplado o que no pensamos que pasarían cuando nos decidimos a actuar de cierta forma. Esto es lo que solemos conocer como *riesgos*.

Desde esta visión, el riesgo de tener un suéter es perderlo; el riesgo de ser poseedores de un cuerpo es enfermarse, lastimarlo o provocar un destrozo al moverlo, en fin, el riesgo de ser humanos es equivocarnos y como resultado una persona responsable es aquella que asume las consecuencias de sus actos *sin importar la intención de los mismos.*

¿Cómo se repara el daño?

En la medida en la que la consecuencia para Daniela se parezca a lo que socialmente está determinado para ese tipo de conductas, el mensaje, además de claro, disminuye la posibilidad de que la niña repita el comportamiento inadecuado.

Recordemos que hay que intentar que *la casa sea una pequeña reproducción del mundo de afuera* para que el proceso de adaptación a la vida adulta dé frutos.

Vamos desde lo más simple: si un niño tira, debe recoger. Si lo que tiró ensució, deberá además limpiar (dependiendo de la edad, hacerlo solo o participar de la acción). Si rompió, perdió o le robaron debe participar en su reposición. Si Daniela ya recibe dinero podría destinar una parte de éste a la compra del objeto. Cuando esta acción no se realiza, se puede hacer a través de suprimir algo de su vida cotidiana de manera que el costo de eso sirva para destinarlo al mismo propósito. Por ejemplo: si regularmente cuando Daniela sale de su clase de natación se le compra un jugo o agua, durante unos días se le explica que con ese dinero se va a reponer el objeto.

Lo importante es que Daniela experimente la sensación de pérdida; los padres no van a hacer que aporte la cantidad real, sino una participación simbólica que le permitirá vivir la experiencia.

Cuando se trata de algo que Daniela tomó de otra persona es muy importante que, como parte de su reparación, tenga que "dar la cara". Con mucha frecuencia los papás de hoy tratan de proteger la imagen de sus hijos en situaciones de este tipo, y los regañan o castigan con situaciones que no tienen ninguna relación cuando existe la posibilidad de hacer que pase por la vergüenza propia del acto teniendo que "confesar" y ofreciendo una disculpa. Evidentemente, dependiendo de su edad y de la conciencia que el niño ya tenga de que lo que hizo llevaba el propósito de despojar al otro del objeto por el simple hecho de gustarle.

¿Educación o venganza?

Cuando se trata de conductas como agredir, lastimar, empujar, pegar, etcétera, a los padres se les dificulta encontrar la manera de generarle una experiencia que lo haga entender que esas conductas no pueden ser utilizadas, y suelen limitarlos a hacer que se disculpe.

Como ya habrán comprobado, disculparse no suele hacer que la conducta desaparezca, porque ofrecer una disculpa, cuando no es algo que surge de la propia convicción, suele ser sólo parte de los buenos modales como dar las gracias o pedir las cosas "por favor", pero no es un acto esencialmente de arrepentimiento, pues una persona que da las gracias puede no ser alguien agradecido, sino nada más alguien "bien educado". Esto no significa que los buenos modales no tengan importancia, sin embargo únicamente sirven para favorecer ambientes de cordialidad. Una persona puede tener buenos modales y no tener calidad moral.

Una vez hecha esta aclaración, veamos: cuando alguien agrede a otro en cualquiera de sus posibles expresiones solemos pensar que está recurriendo a una conducta que consideramos indeseable para darle solución a algo que considera un problema, independientemente de si tiene razón o no. Por ejemplo, Patricio puede pegarle a otro niño porque le quitó la pelota o pegar porque no le quieren prestar la pelota. Para él, el problema es tener la pelota y la forma en la que lo puede resolver es golpeando.

¿Lo que importa es si su hijo tuvo razón al pegarle al otro niño? O ¿lo que importa es que, aunque tuviera la razón, ustedes consideran que ésa es una manera de resolver el problema? ¿Depende?

Primero, supongamos una situación en la que no hay ninguna duda y consideramos que la conducta de Patricio, su hijo, es inaceptable. En estos casos es importante partir de la idea de que siempre que agreden a alguien le están generando una pérdida simbólica, además del posible diente roto, del derecho a ser tratado con respeto y, por lo tanto, más allá de disculparse la consecuencia tendría que ir en la línea de hacer que el niño experimente también una pérdida para ir dando lugar a la empatía que los lleva a evitar caer en situaciones de ese tipo.

La respuesta es inculcarle a Patricio conductas cada vez más civilizadas, y por supuesto no hacerle al agresor lo mismo que hizo porque eso, además de no modelar formas civilizadas de resolver lo que es ahora su problema (educarlo), se vuelve contradictorio al utilizar la conducta que están censurando.

Si uno de los valores más importantes para los seres humanos es la integridad personal, muchas veces resulta una buena experiencia para Patricio hacerle resarcir el daño con alguna de estas tres maneras:

- Dedicar tiempo para hacer algo por el agredido. Por ejemplo: hacerle un dibujo.
- Quitarle por un tiempo específico algún objeto que le importe. Por ejemplo: no dormir con su oso de peluche por una noche.
- Prestarle al agredido un juguete que le guste a Patricio durante un tiempo específico. Por ejemplo, su espada preferida por un día.

Aquí estamos hablando de *resarcir*, no de reponer o reparar. Cuando reponemos o reparamos prácticamente estamos buscando, en la medida de lo posible, volver a dejar la situación como si "nada" hubiera pasado, pero cuando hablamos de *resarcir* nos estamos refiriendo a un concepto que implica que la situación afectó a esa persona en algo que se considera irreparable (real o simbólicamente) y que más que reemplazar, requiere de una demostración de que se lamenta haber actuado de esa manera.

¿Justicia vs responsabilidad?

Ahora vamos a la segunda situación, en la que yo considero que Patricio tuvo razón, si bien a lo mejor no debió haberle pegado al otro niño, sí me parece que lo que hizo tiene atenuantes o resulta razonable dada la provocación.

Sin lugar a dudas, en este punto entrarán en acción los valores que tenemos y con los que vivimos. Si partimos del acuerdo de darle a la vida un lugar prioritario, todo lo que tenga que ver con la integridad personal ocupa un lugar importante, es por eso que cuando están educando a Patricio se tienen que preguntar: *¿Hay alguna razón que justifique el uso de la agresión como forma para solucionar problemas?*, que preguntado de otra manera sería: *¿Hay algún valor que yo considere que está por arriba del valor de la integridad personal?*

Cuando Patricio le pega a Jorge porque le quitó su pelota, y esta acción es avalada por el adulto en alguna medida, mi hijo recibe el mensaje de que en determinadas situaciones es correcto "hacer justicia" por encima de "respetar al otro". Sabemos que Jorge, cuando le quitó la pelota a Patricio sin su consentimiento, también fue irrespetuoso, y en una lógica básica el agredido, en este caso Patricio, "ganaría el derecho" a cometer una falta similar y, por lo tanto, tendría que salir impune por su comportamiento.

Revisemos la secuencia de una situación típica: Bruno le pide a Iñaqui que le preste su pelota y éste se niega, por lo que el primero se la quita a la fuerza, a lo que el segundo responde pegándole. Con frecuencia el adulto que interviene considera que hay que hacerlo para que no vaya a venir una "avalancha" de golpes entre los niños, pero después de esto empezarían a surgir algunas preguntas como: *¿Ambos niños merecen la misma* *consecuencia?, ¿sólo uno?, ¿ambos, pero diferente consecuencia?, ¿el que empezó es quien debe llevarse el castigo?, ¿quien pegó más fuerte tendría que ser el único castigado?* Si ambos reciben una consecuencia por esto, *¿sería por el mismo motivo?*... Acabamos de entrar en el campo de la moral.

De momento digamos que si por la razón que sea alguien puede cometer una falta y quedar impune, entonces la puerta se abre para que el cumplimiento de las reglas quede al criterio de cada persona, y esto se volvería peligroso porque podríamos terminar en un gran caos social. ¿Quién sería el juez que determinaría si la razón que cada uno tuvo para romper la regla y pensar que no merece castigo es válida o no?

Otra de las grandes ventajas de las reglas es que además de ayudar a organizar los diferentes sistemas nos permiten ahorrar tiempo, porque evitan que cada situación deba de ser atendida en lo anecdótico, lo subjetivo y desde la emoción.

Consideremos a tres personas que se pasan el semáforo cuando está en alto y son detenidas por un policía de tránsito, ¿todas merecen la infracción?

La primera dice que se pasó el alto porque iba distraída y que no lo hizo a propósito. La segunda explica que le avisaron que su papá sufrió un infarto y que se encuentra muy grave en el hospital. Mientras que la tercera alega que no venía nadie y que era absurdo detenerse. ¿Los tres siguen mereciendo la infracción? La respuesta es **sí**.

La mayoría se conmovería frente a la situación de la persona con el papá en el hospital y seguro diría que hubiera hecho lo mismo en su caso, pero ¿basta para dejarlo impune? Muchos, aunque no tantos como los del caso anterior, podrían pensar que el que lo hizo distraídamente sólo amerita una llamada de atención y que merecería otra oportunidad, quedando impune.

Otros podrían alegar que en el caso del tercero se debería de empezar a permitir pasarse el alto cuando no viene nadie porque no tiene caso estar detenido en un semáforo. Cuando no viene nadie todos somos capaces de pasarnos un alto con cuidado, ¿quién podría negarlo? Otros más exigentes dirían que el segundo y el tercero son merecedores de la infracción, sin embargo se conmoverían con el primero.

En realidad los tres deben de pagar la infracción. *A la aplicación de las reglas no le debe de importar la intención que había cuando se faltó a ella.*

Como parte del proceso del desarrollo los niños tienden a explicar su conducta en función de lo que otros hicieron y por eso se muestran renuentes a aceptar la consecuencia y todo les parece injusto. Volviendo a Bruno e Iñaqui: el primero diría que le "tuvo" que quitar la pelota al segundo porque éste no se la quiso prestar; mientras que Iñaqui diría que le "tuvo" que pegar a Bruno porque éste le quitó su pelota. Los dos niños explican su conducta en función del otro: si el otro no hubiera hecho lo que hizo, él no hubiera hecho lo que hizo.

La educación de ambos niños consiste en hacerle ver a cada uno que "eligió" hacer lo que hizo. Bruno le quitó la pelota a Iñaqui porque no aceptó un "no" como respuesta y **decidió** que en lugar de aceptar el hecho y buscar otra alternativa para divertirse tendría la pelota a toda costa. Mientras que Iñaqui no pegó porque le quitaron su pelota, sino porque **decidió** recurrir a la opción de pegar dentro de las posibles alternativas que existían para recuperar su pelota.

Cuando ponemos una consecuencia, no estamos juzgando el deseo de cada niño o invalidando las razones de cada uno por aquello que consideran un derecho o una aspiración en el momento, lo que estamos reprobando es la conducta a través de la cual quieren hacer valer ese derecho.

No condenamos a Bruno por querer jugar con una pelota o a Iñaqui por su derecho a recuperar algo que es suyo, sino por los modos que eligieron para hacerlo. Las reglas tienen que ver con los modos, métodos, formas o como queramos decirle para complacer, satisfacer, cobrar o recuperar algo que consideramos valioso.

Si retomamos la idea revisada antes del proceso de toma de decisiones, recordaremos que siempre que tomamos una decisión estamos implicando una consecuencia. Si Iñaqui decide que la manera de recuperar su pelota es pegándole a Bruno, tendrá que asumir las consecuencias por haberlo golpeado. Lo mismo que la persona que se pasó el alto, lo hizo porque para ella era válido dada la gravedad de su papá, dicho en otras palabras, porque lo que estaba en riesgo hacía que valiera la pena pagar la consecuencia de su falta.

No necesitamos saber el porqué de cada una de las conductas que un niño presenta para entonces decidir si merece o no que apliquemos la regla. *No es el momento para que nos importe el porqué de lo que hizo.*

Si recordamos la idea de la casa como el espacio afectuoso en el que buscamos reproducir el mundo exterior, es en ese mundo "de allá afuera" en el que si yo perdí la chamarra por cualquier razón, pago las consecuencias. Curiosamente el hecho de que la chamarra "me cueste" hace que me preocupe por ser una persona menos despistada, por dejar de lado la flojera e, incluso, tomar precauciones para evitar que me la roben, porque sin importar nada de esto yo soy la única que voy a tener que asumir la consecuencia si algo pasa con mi chamarra.

Las reglas se hicieron para romperse

Cierto. Nadie nos puede privar del derecho de romper una regla; yo, como persona, decido si dada una circunstancia romper la regla es algo que me voy a permitir, siempre y cuando asuma su consecuencia. Casi podríamos decir que con gusto pago la infracción con tal de llegar a tiempo al hospital para saber de la salud de mi papá.

Las reglas nos permiten ejercer nuestra libertad.

Repetir, repetir y repetir

Una última idea antes de terminar con este tema. No se educa por actos aislados, no se hacen hábitos por una vez que presentemos la conducta; los seres humanos aprendemos a través de la repetición y gracias a ella logramos generar las conductas automáticas de las que ya hablamos al principio, por lo que ser consistentes es una de las claves para que toda la revisión que hemos hecho se concrete.

Quizá lo voy a decir de una manera que puede resultar absurda: ser consistente es hacer *"que siempre que pase lo mismo suceda igual"*. No basta con que haya una consecuencia, es importante que, en la medida de lo posible, esa consecuencia siempre sea la misma ante la misma conducta. De lo contrario, el niño no sabrá sobre qué condiciones tiene que tomar su decisión y mucho de nuestro propósito quedaría desvanecido, ya que pretendemos que logre planear lo que quiere que suceda.

Nosotros no aceptaríamos que la infracción por pasarnos un alto tuviera un costo "sorpresa". Las consecuencias tienen que estar establecidas de antemano, de manera que el niño "reconozca" la situación y pueda irla incorporando en su experiencia de vida, y que sobre todo pueda tomar sus propias decisiones.

Cuando se trata del primer tipo de conductas en las cuales la consecuencia estará predeterminada, normalmente el hecho concreto es el que debe mantenerse. Si el niño no hace la tarea no puede ver la tele. Por lo tanto, todas las veces que el niño no hace la tarea no podrá ver la tele.

Por el contrario, cuando se trata de cualquiera de los otros dos tipos de conducta de las que hablamos, el que se mantiene igual es el concepto (obedecer, resarcir, reponer, etcétera), sin embargo, no siempre se expresará de la misma forma porque dependerá de la situación. El niño sabe que tendrá que resarcir el daño, pero el cómo va a depender de lo que haya que resarcir o reparar.

Ser consistente se vuelve importante porque, normalmente, si la consecuencia va cambiando, al niño no le importará sacrificar algo diferente cada día. En el mismo ejemplo de la tarea, si un día no puede ver tele, pero otro lo que no puede es andar en bicicleta, y otro lo que no puede es comer dulces y otro jugar con su muñeca es poco probable que se tenga impacto sobre su comportamiento, porque todo lo que pierde lo hace sólo por un día.

Recuerden

✦ La firmeza da lugar a la obediencia.
✦ La orden se da una sola vez, la segunda va acompañada de una acción.
✦ Si tu palabra no es prioridad para ti, no lo será para tu hijo.

+ Toda conducta se hace hábito, es cuestión de repetirla.
+ Cuando la consecuencia que se deriva de un comportamiento es la reparación del daño, no hay que hacer nada más.
+ La consecuencia se aplica sin importar la intención de la falta.
+ Con disculparse no basta.
+ Tener la razón no justifica una agresión como respuesta.
+ Cuando la falta cometida es una agresión, es importante que la consecuencia se relacione con algo que le genere la experiencia de pérdida al niño.
+ La consecuencia no pone en tela de juicio la motivación o el derecho del niño al actuar, sino la forma en la que decidió hacerlo.
+ Todos tenemos el derecho de decidir romper las reglas porque somos seres humanos libres, lo importante está en asumir las consecuencias de la decisión.
+ Las reglas nos permiten ejercer la libertad.
+ Aprendemos por repetición, por eso hay que ser consistentes.
+ A la aplicación de la regla no le debe importar la intención que había cuando se faltó a ella.

SIETE
OBEDIENCIA POR CONTROL REMOTO

¿Cómo se forma un hábito?

Una de las bases más importantes de la educación es la formación de hábitos. Los hábitos organizan nuestra vida cotidiana, nos ayudan a liberar nuestra atención de la actividad al hacerla más automática, a hacer todo cada vez más rápido para que nos sobre tiempo para hacer lo que nos gusta.

Además, gracias a la formación de hábitos se puede ir ganando autonomía, pues en la medida en la que el niño hace hábito de una conducta ya no requiere de la presencia del adulto, y esto sin dejar de mencionar que como padres pueden destinar su tiempo a otro tipo de convivencia con su hijo, ya que hay áreas que ahora sólo necesitan de supervisión.

Para formar un hábito se requiere de paciencia. Los seres humanos aprendemos por repetición. Por ejemplo: es necesario que todos los días le tenga que decir a Rousse que es hora de lavarse los dientes, tres veces al día, los 365 días del año. Sin embargo, hay una diferencia muy grande entre tener paciencia para dar la instrucción todos los días y tener que *tolerar* decirlo 20 veces cada día para que lo haga.

A estas alturas ya estamos conscientes de que un niño siente una gran atracción por lo placentero y que, por lo tanto, el hecho de que no nos obedezca no es un asunto personal. Para contrarrestar el impacto que les representa el placer, en un principio los padres tienen que hacer uso de su presencia física para hacerse obedecer. No bastará con que escuchen su voz a la distancia dando una instrucción.

Por ejemplo: al principio los padres empiezan a combatir la resistencia de Sofía, pues no se quiere meter a bañar; tiempo después necesitan que empiece a involucrarse, que sola vaya agarrando el jabón y lo pase por todo su cuerpo; después que lo haga bien y sea capaz de lavar las partes que requieren de mayor cuidado, y que, por último, lo logre sin la presencia de mamá. A excepción de la última acción, los padres van a tener que estar presentes, pero en las dos primeras van a tener una participación activa, y en la siguiente únicamente van a corregir y supervisar. Por lo tanto habrán logrado la aspiración de todo padre: la obediencia por control remoto (dan la orden, incluso sin estar en casa y el niño la lleva a cabo). El asunto aquí es que cada fase, dependiendo de la edad del niño, puede llevarse meses enteros, y dependiendo de la dificultad de la actividad, años.

¿Cómo se da una orden?

El primer paso, indudable, para que un niño sepa qué se espera de él es recibir la orden, y para darla los padres deben de:

a. **Ser claros y específicos**. Cuando se le da una orden a un niño es importante que la instrucción no se lleve más allá de 20 o 30 palabras y que se exprese sin mayores rodeos.

No es lo mismo decir: *"Regina, ve al cuarto y trae el suéter azul que está sobre mi cama"*, a: *"Regina, tu papá acaba de recibir una llamada porque surgió una urgencia en su oficina y necesita que todos le ayudemos para que pueda salir pronto de la casa; tu hermana ya fue por las llaves del coche y necesitamos que tú ayudes trayendo su suéter azul que está sobre mi cama, el que se puso el otro día para la fiesta".*

Las instrucciones breves y claras aumentan en mucho las probabilidades de ser obedecidas, de otra manera se causa confusión en el niño y los padres dan lugar a que haya resistencia, ya que se abre el espacio para la confusión y Regina acaba teniendo que hacer dos tareas: primero entender lo que se le dijo y después hacer lo que se le pidió.

> *b.* **No se pregunta**. Con frecuencia los padres tratan de suavizar la forma en la que dan la orden a los niños. La causa la desconozco, aunque me atrevería a sospechar que tiene que ver con esta parte que ya revisamos antes de querer evitar malestar porque sienten que van a fastidiar a Regina con la orden.

Cuando los padres dan la orden en forma de pregunta diluyen la instrucción y no queda claro si en realidad existe la opción o si es algo que el niño debería acatar. No es lo mismo decirle al niño: *"¿Te quieres acabar la leche por favor?"*, que decirle: *"Termínate la leche"*, o: *"¿me puedes hacer el favor de irte a dormir?"*, en lugar de: *"Es hora de irse a dormir, vete a tu cama"*.

La pregunta siempre da opción a la respuesta y si el niño no está en posibilidades de elegir, es mejor que hablen con claridad.

De hecho, cuando los padres dan una orden y el niño responde como si hubiera alternativa, hay que aclararle que no se le está preguntando.

c. **Los padres nada más deben dar la orden una sola vez;** la segunda debe ser seguida por una acción.

De esto ya hablé antes. Es muy importante que el niño sepa que se dicen las órdenes una vez, porque a la segunda ya hay una consecuencia.

¿Qué hay con las explicaciones?

Dar explicaciones es uno de los grandes "vicios" de esta época. Dada la educación que les dieron a muchos de los que hoy son padres de familia, en la que había que seguir órdenes dadas con la mirada y sin tener la capacidad de poder preguntar o cuestionar nada de lo que se les decía, sumado a la aportación que nos han dado las múltiples teorías psicopedagógicas acerca de la capacidad de comprensión del niño, hoy por hoy han caído en el polo opuesto y explican demasiado.

La explicación ayuda a formar el criterio. Gracias a ella el niño, además de entender el porqué de su conducta, también va obteniendo elementos que lo ayudan a revisar el contexto de manera que alcance a percibir la lógica que hay alrededor de la orden y que ésta no es solamente un mero capricho de los padres.

Sin embargo, hay una gran diferencia entre dar una explicación y dar cuenta de nuestros actos, la diferencia es muy sutil. Explicar significa dar cuenta de un hecho pasado, por lo que el momento en el que se da la explicación es muy importante. Cuando un papá pide a su hijo que haga algo o establece una regla dentro de casa, no quiere decir que lo que pide sea la única forma correcta de hacer eso que se está solicitando. Lo que se pide es sólo una de las maneras en las que eso podría hacerse, pero se pide así porque ese adulto considera que es el modo que va mejor con el tipo de dinámica de la familia. Que haya otros estilos de hacer eso mismo no representa que el niño gana el derecho a desobedecer para hacerlo de la otra forma.

Por ejemplo: Eugenio está invitado a una fiesta pero su mamá tiene que llevar a Ana Paula, su otra hija, al médico. Las opciones de solución son las siguientes:

a. Que el padre lleve a Eugenio a la fiesta antes de irse a trabajar y la madre lo recoja después de llevar a su hija al doctor.

b. Que la madre lo lleve a la fiesta antes de ir al médico y lo recoja cuando vaya de regreso.

c. Que se le pida a la abuelita que lleve a Eugenio a la fiesta.

d. Que otra mamá de la fiesta pueda hacerle el favor de llevarlo.

e. Que Eugenio no vaya a la fiesta.

Siempre que se presenta una situación como ésta van a existir opciones para "solucionarla", sin embargo, quien tiene autoridad es quien decide cuál de ellas es la que se considera la más apropiada para la situación, y esto no necesariamente significa que las demás no son posibles. Incluso hoy en día hay papás que consideran que si hay alguna forma de resolverla para que el niño vaya a la fiesta "no tienen derecho" a decirle que no puede ir.

Si en el ejemplo anterior los padres de Eugenio consideraran que a pesar de las opciones que hay su hijo no irá a la fiesta, pueden hacerlo dentro de su capacidad para tomar decisiones, ya que no tienen por qué corroborar que todas las otras alternativas no son posibles para entonces tener que optar por que Eugenio no vaya a la fiesta.

La explicación se da cuando el evento ya pasó, no antes. Cuando el padre da la explicación al dar la orden, el mensaje que le manda al niño es que está poniendo a su consideración lo que le dijo para ver si él la aprueba y esto le quita autoridad, sin contar que cuando da la explicación al dar la orden está abriendo la puerta a una conversación que puede ser interminable. *"¿Por qué a mi hermana si la dejas?", "¿qué tiene de malo?", "tú me dijiste"*, etcétera. Una vez que se da la primera explicación y él niño empieza a argumentar, se inicia un intercambio que no suele llegar a nada porque en ningún momento se le acaba convenciendo, a menos de que se le ofrezca algo a cambio para que acepte la decisión o se acabe diciendo que sí.

A Eugenio no le interesa la explicación, lo que le interesa es tener un intercambio que le permita hacer cambiar de opinión a sus padres. Si le importara la explicación, les preguntaría también por qué cuando le dicen que sí a lo que les pide.

Volvamos al ejemplo anterior. Una vez que regresan del doctor y Eugenio se tuvo que quedar en casa, hablan con él y le dan las razones de por qué esta vez se decidió de esta manera. Normalmente van a notar que el niño adopta una actitud de "ya para qué", hecho que comprueba que la explicación no le importaba. Sin embargo, se debe hacer porque éste es el momento en el que se transparentan los criterios desde donde se decidió, para que, poco a poco, vaya sabiendo que cuando hay que elegir algo se toman en consideración más elementos que el solo deseo de que algo suceda. ¿Hubiera habido otras maneras igualmente adecuadas de resolver la situación? Por supuesto que sí, pero no por eso no podemos determinar la que va más de acuerdo con los padres.

De hecho, frente a una misma situación dos familias pueden decidir lo mismo desde planteamientos distintos. Los papás de Eugenio pudieron optar porque su hijo no fuera a la fiesta, porque para ellos es básico estar presentes cuando el niño va a una fiesta por lo que pudiera ofrecerse. Mientras que, probablemente, los papás de María hubieran decidido lo mismo, pero porque no creen que se deba molestar a otros cuando el asunto no se considera prioritario, como lo sería para muchos asistir a una fiesta.

Es por esto que cuando se le explica al niño lo están educando, porque le están transmitiendo los valores que rigen el comportamiento familiar y los valores a los que se les dan prioridad en la familia y que, por lo tanto, rigen su comportamiento.

Se explica sólo una vez; explicar no implica querer convencer. Eugenio sigue teniendo el derecho a pensar distinto, y no únicamente se puede sino que se debe respetar su forma de ver las cosas sin subestimarlo, aunque siempre dejando en claro que ya habrá oportunidad para que pueda actuar con base en lo que piensa pero que, de momento, se tendrá que atener a lo que en casa se establece.

Tipos de obediencia

A partir de las conversaciones que he tenido con padres de familia he podido observar que se suelen dar tres tipos de situaciones alrededor de la obediencia:

a. Aquellas en las que la obediencia es "ciega" o cerrada. Dan la orden y esperan que el niño la acate sin mayor opción: *"Ponte el suéter"*, *"ven por favor"*, *"acábate la leche"*, *"recoge el lápiz"*, etcétera.

b. Aquellas en las que la instrucción lleva una opción incluida: *"¿Te quieres bañar a las siete o a las 7:30?"*, *"¿prefieres los
tenis rojos o los de flores?"*, *"¿prefieres quesadillas o sándwich?"*,
etcétera.

c. Aquellas en las que es posible negociar. El niño hace un
planteamiento y es la autoridad (los padres) quien define
si esto es posible y bajo qué circunstancias.

Los seres humanos siempre vamos a estar expuestos a estas variantes de la obediencia, aun siendo adultos, y cada uno tendemos a sentirnos más cómodos frente a una u otra de las formas.
Hay quienes se sienten más a gusto cuando pudieron negociar;
otros, en cambio, prefieren que les digan exactamente cómo
quieren las cosas. Lo importante aquí es que más allá de lo que
se prefiera, es esencial aprender a manejar los diferentes niveles de malestar que se pueden generar ante cualquiera de estas
alternativas para pasarla lo mejor posible en cada situación.

En el mejor de los casos, el jefe tendrá el estilo que el
empleado prefiere, pero si no es así, mucho del disfrute del trabajo dependerá de que esta persona pueda hacer las cosas como
se le piden. Hay autoridades con mayor apertura y otras que no
permiten cuestionamiento alguno y dan órdenes cerradas.

Los niños deberán aprender a responder a cada uno de estos
estilos de obediencia, y los padres y maestros son las personas
que van a ir entrenándolos en este aprendizaje. Para esto, ambas
instancias cuentan con las condiciones que la vida cotidiana
ofrece para ir dando las órdenes desde los diferentes lugares.

La obediencia ciega sólo busca que la persona ponga su
esfuerzo en aprender a posponer el placer de lo que desea por
hacer lo que se le está pidiendo, y es por esto que es el tipo

de obediencia de la que se sugiere echar mano de manera más importante los primeros siete u ocho años de vida.

Para la obediencia opcional, además de posponer el placer para otro momento, se requiere también haber desarrollado cierta capacidad para anticipar el impacto de su decisión en un tiempo futuro a corto plazo y poder asumir las consecuencias de lo que no eligió, alrededor de los ocho años.

Sin embargo, es importante aclarar que con frecuencia los padres interpretan la resistencia de un niño a obedecer como una propuesta del mismo por decidir, y esto no es así. Cuando un niño dice: *"Me meto a bañar pero me dejas meter mi muñeco a la tina"* no está eligiendo ni negociando, está *condicionando* su obediencia, a menos de que el padre también lo obedezca, y hay que tener mucho cuidado con esto.

Mientras que para negociar se requiere no sólo anticipar, sino planear, analizar diferentes escenarios, hacer planteamientos y un concepto del tiempo más desarrollado, entre otras características, y esto empieza a darse alrededor de los 10 años.

Esto no significa que un estilo de obediencia supla a los otros, lo que importa es que aunque pueden irse dando los tres simultáneamente, los porcentajes son los que varían.

Se esperaría que los primeros cinco o seis años de vida la orden cerrada esté presente un 80% del tiempo, mientras que la orden con opciones un 19% y las negociaciones sean prácticamente inexistentes. Cuando un niño está entre los siete y los 10 u 11 años, las órdenes cerradas pueden andar por ahí de 60% (si los padres trabajan bien ya están hechas hábito y no tienen más que supervisarlas), hay un 30% de órdenes con opción y un 10% de negociaciones.

Es la adolescencia la que irá dando paso a las órdenes con opción en más porcentaje, acompañadas de las negociaciones en un rango mayor, siempre con la presencia de órdenes cerradas hasta que, al final, prevalecen las negociaciones, órdenes con opción, y en un mínimo grado las órdenes cerradas.

Siempre que van a irse introduciendo órdenes con opción y negociaciones hay que hacerlo en conductas que no se consideran prioritarias, de tal manera que sirvan de ensayo. No es una cuestión sólo de edad, sino también del tema del que se trate. Cuando el niño no tiene aún un concepto adecuado del tiempo no es lógico dejar a su consideración las decisiones que tienen impactos en el largo plazo.

Para poder tomar una decisión, más allá de lo que ya hablamos antes con detalle, se requiere también de experiencias previas en la vida de la persona que le puedan servir como referencia para tener elementos para elegir. En hechos tan simples como darle a elegir al niño si quiere ir a la feria o a jugar a casa del primo con el que se la pasa "bomba", cuando no ha ido nunca a una feria y nadie le ha contado de qué se trata, puede resultar absurdo, ya que muy probablemente se inclinará hacia lo conocido.

En general, los padres no deberían darle al niño el paso a la orden con opción si no ha demostrado primero que aprendió a acatar órdenes cerradas, y así sucesivamente. Hay papás que le dan la opción al niño "con tal de que obedezca" y esto, lejos de ser un acto de obediencia, es una clara muestra de quién es el que manda y de cómo no quieren "pasarla mal" si no acceden.

Hay que recordar que *siempre que dan una orden, alguien acaba obedeciendo... y de preferencia debería de ser el niño.*

Cuando un papá pide al niño que se vista y éste le dice: *"Pero me llevas a la tienda"* o *"pero... lo que sea"*, el que está obedeciendo es el papá.

Hay ocasiones en las que al dar la orden el niño hace una propuesta que resulta lógica. Idealmente, en ese momento se le debe de pedir que acate lo que se le está diciendo, pero para una próxima vez los padres pueden incorporar su propuesta y dar la orden con la opción. Siempre se gana más haciendo que el niño espere a una siguiente ocasión para poder hacer lo que propuso que rectificando en el momento.

Por supuesto, todo esto siempre dependerá de la frecuencia con la que sucede, por eso es tan importante que los padres tengan una visión del contexto cuando determinan una postura. Lo mejor es que ante la duda mantengan este principio para evitar errores más grandes.

"Con tal de…"

Qué tentador resulta resolver una situación molesta con el argumento *"con tal de"*. *"Dáselo, con tal de que no llore"*, *"déjalo, con tal de que se acabe la sopa"*, *"dale permiso, con tal de que se esté quieto"*. La razón de estas decisiones no puede ser sólo para evitar un mal momento o para salir de la situación inmediata.

Recuerden

✦ A lo largo de la vida habrá situaciones en las que hay que obedecer desde los diferentes estilos: ciego, en la que habrá opciones y en la que será posible negociar. Su hijo tiene que aprenderlas todas.

- ✦ La formación de todo hábito requiere en un inicio de la presencia física, pasando por la supervisión, hasta lograr la autonomía.
- ✦ Las órdenes se dan una sola vez, en forma clara, precisa y no en forma de pregunta.
- ✦ La explicación ayuda a formar el criterio y se da al final de la experiencia.
- ✦ "Con tal de…", seguro elegiste mal.

OCHO
ELEGIR LA CONSECUENCIA

Todo un arte

Una vez que se dio la orden al niño los padres saben cuándo hay que explicar y qué tipo de obediencia se espera de él, y hay que elegir la consecuencia que se establecerá una vez que el niño opte por la conducta inadecuada. Si no queda más remedio que aceptar que para educar se va a causar malestar, hay que hacerlo bien. Las preguntas frecuentes de los papás, una vez resignados frente al planteamiento anterior, son: *¿Qué consecuencia ponemos?*, *¿cómo saber cuál es una buena consecuencia para la falta?*

Existen algunas características que pueden ayudar a elegir consecuencias que *aumenten las probabilidades de que el niño modifique su conducta*, pero que de ninguna manera lo garantiza.

a. **La consecuencia deberá ser a corto plazo**. Esto significa que aquello de lo que se privó al niño sólo va a durar un tiempo razonable. ¿Cuánto es razonable? Esto dependerá de las condiciones de la falta que cometió, así como de la distancia en el tiempo que hay para que se vuelva a presentar la situación en la que se espera ver el comportamiento deseado.

Por ejemplo: si se tienen visitas en casa y Soren se empeña en utilizar un juguete que es para uso individual, se le puede retirar mientras están las visitas. En cambio, si se negó a hacer la tarea no podrá hacer uso de su bicicleta hasta que vuelva a presentarse la ocasión en la que se espera de ella disposición para hacerla. Pero si presentó un mal comportamiento en la clase de natación y la clase no se vuelve a tener hasta dentro de dos días, en ese tiempo no podrá jugar con sus barcos.

También tienen que tomar en cuenta su edad, para un niño menor a tres años el tiempo razonable puede ir de cinco a 20 minutos, dependiendo de la situación de la que se trate. Mientras que para un niño de alrededor de cinco años el tiempo puede ir de una hora hasta "por el día de hoy", y en niños mayores y hasta de 10 años, puede estar determinado por la actividad y la magnitud de la falta.

Lo que es importante tomar en consideración es que hay que evitar castigar algo por más tiempo del que llevará en presentarse esa situación otra vez. No se puede castigar a un niño por una semana cuando en el trayecto de la misma tiene que presentar la conducta por la que se le castigó. Por ejemplo, dos semanas castigado por no haber hecho la tarea, cuando en esas dos semanas le seguirán dejando tarea en la escuela. Las probabilidades de que muestre disposición a hacerla cuando ya no tiene nada que perder son muy bajas.

Y de aquí se suele generar otro error en el manejo de las conductas de los niños: cuando se castiga dos semanas y además se le dice que por cada día que no haga la tarea en ese tiempo se van a aumentar dos semanas más, queda tan lejana la posibilidad de recuperar el derecho que se perdió, que se acaba la motivación y la conducta deseada no vuelve a presentarse.

b. **La consecuencia deberá de ser inmediata**. Cuando un niño comete una falta la consecuencia quedará asociada a su comportamiento, en la medida en la que no pase mucho tiempo entre una y la otra, por lo que siempre que es posible hay que hacer que la consecuencia sea la actividad inmediata posterior a la falta cometida. Particularmente, cuando se trata de actividades como guardar, apagar, recoger, levantar, limpiar, etcétera, los niños pueden ir aprendiendo que la actividad completa incluye esta acción, de tal manera que si prende la luz al tomar algo del cuarto, la actividad finaliza no cuando encuentra lo que buscaba y se lo lleva, sino cuando apaga la luz una vez que deja el cuarto. Se termina de ir al baño cuando se jala la taza, se cierra la llave del agua y se apaga la luz.

Cuando se trata de actividades relacionadas con obligaciones como hacer la tarea, tender la cama o cualquier otra que se haya dejado bajo su responsabilidad, hay que buscar que la consecuencia sea la actividad inmediata posterior a la conducta incumplida. Por ejemplo: no sirve de mucho castigar la televisión al día siguiente cuando la tarea no la hizo hoy, o recoger lo que dejó tirado hasta "al rato", no llevarlo a una fiesta por el berrinche que hizo hace una semana, etcétera.

Los padres están tratando de hacer que el niño entienda que las consecuencias se derivan de su conducta, por lo que cada vez que dada la intervención del adulto eso no sucede, lo confunde. Si hoy no hizo la tarea, hoy es cuando corresponde que no vea la tele, pero, si dado que tiene un programa especial el día de hoy se le permite cambiar el castigo para mañana, él entonces descubre que el adulto tiene capacidad de maniobra sobre la consecuencia y empezará a dirigir su energía hacia esa persona para pedirle, rogarle y suplicarle que le dé "chance".

Hay ocasiones en las que la consecuencia no puede ser aplicada inmediatamente en el tiempo por situaciones que tienen más prioridad. Por ejemplo: un niño deja regados sus juguetes justo antes de salir para la escuela. No se dejará que falte para que pague la consecuencia de levantarlos. Lo que se hace entonces es que la consecuencia se pospone para el momento inmediato posterior a que se encuentre en las mismas circunstancias. Esto es, cuando regrese de la escuela se le pide que antes de sentarse a comer haga lo que quedó pendiente.

- **A la primera**. Otra vez, si las consecuencias se derivan de nuestra conducta, ¿cómo es que la primera vez no? Recordemos que el aprendizaje se da por el malestar y es justo el malestar que sigue a nuestras conductas lo que nos lleva a modificar nuestro comportamiento en situaciones futuras. No importa si es la primera o la quinta vez que me retraso en el pago de un servicio, la compañía corta el servicio o me cobra intereses. No importa si yo sabía o no la hora en la que cierra el supermercado, no lo abren para venderme lo que necesito aunque sea muy urgente.

De hecho, tal y como el mundo funciona, pagamos la consecuencia desde la primera vez, y si repetimos la falta varias veces la sanción puede aumentar, aunque en raras ocasiones nos la condonan. En muchos momentos, incluso, es justo la consecuencia la que nos informa que una conducta no estaba permitida.

En la medida en la que los padres verifican que la consecuencia se cumpla desde la primera vez que la falta se cometió, las probabilidades de que ésta no vuelva a presentarse son inmensas. Pero si la primera vez el niño resultó bien librado, ¿por qué no apostar a una segunda? Quien no ha escuchado a un niño decir: *"Esta vez y ya"*. No pospongan el problema, soluciónenlo desde la primera vez.

- **Que la consecuencia sea lógica**. Ésta es la característica que con más frecuencia causa dificultades a los papás. ¿Cómo hacer que una consecuencia sea lógica? Este concepto apareció cuando se buscaba romper con prácticas antiguas de castigo que hoy se consideran absurdas o poco formativas e, incluso, humillantes y agresivas (parar al niño al fondo del salón con unas orejas de burro, hacer que repitieran un sinnúmero de veces una frase, insultarlos, pegarles, etcétera).

Cuando en la actualidad hablamos de "consecuencias lógicas" a lo que nos estamos refiriendo es a que la consecuencia, en sí misma, también enseñe un comportamiento que tenga utilidad para su vida y no sólo modifique el comportamiento inadecuado.

Ya he mencionado antes que hay conductas que nos dictan la consecuencia: si tiro, levanto; si prendo, apago; si quito, devuelvo, si ensucio, limpio; si saco, guardo; etcétera. Sin embargo, hay otras conductas que no parecen derivar en una consecuencia obvia como no hacer la tarea, y hay otras que aunque la consecuencia puede ser obvia no podemos dejar que la vivan así porque no llevaría a la modificación de la conducta, ya que el beneficio que esa conducta tiene aún no es valorada por los niños, como por ejemplo lavarse los dientes o tender la cama, entre otras.

En estos casos es en donde la lógica no viene dada por la consecuencia obvia, sino por el código de derechos y obligaciones de los que ya hablé con anterioridad. Hay quienes me preguntan qué tiene que ver la bicicleta con la tarea, y suelo contestar que hubo épocas en las que el comercio no manejaba dinero, sino el intercambio de mercancías. La relación entre el dinero y los objetos adquiridos fue una relación que se fabricó para establecer una forma de funcionamiento, por lo que hoy nadie se cuestiona si el derecho por realizar un trabajo es recibir dinero como pago del servicio.

Lo que importa cuando hablamos de "lógica" es que la consecuencia que el niño recibe al perder un derecho también es educativa en sí misma. Cuando se queda sin poder comprar un jugo porque con ese dinero tiene que cooperar para la reposición del suéter que perdió, los padres le están enseñando, entre otras cosas, acerca de prioridades; cuando tiene que ir a dar la cara para devolver algo que tomó de otro, esa vergüenza es educativa; cuando tiene que escribir 100 veces una misma frase, esa conducta no tiene equivalente para su vida futura, por lo tanto, no enseña nada.

- **Establecer la duración de la consecuencia y especificar la conducta esperada.** Un niño debe saber cuánto tiempo va a durar la situación en la que está y, sobre todo, qué se espera de él para que ese comportamiento no se repita. Con frecuencia se comete el error de decirle: *"Hasta que te portes bien"* y esto es confuso, porque mientras se educa a un niño se suelen hacer dos tipos de intervenciones: una para corregirle conductas que son parte de su desarrollo y que debe ir aprendiendo a hacer de mejor manera, y otra cuando se quiere que deje de presentar lo que llamamos "mal comportamiento".

Se le puede llamar la atención a un niño porque escupió y en cuestión de minutos decirle que baje los codos de la mesa o que mastique con la boca cerrada. La primera es una conducta que no se quiere que se vuelva a presentar, mientras que las otras dos son señalamientos que le van haciendo mientras crece como parte de su formación. ¿Las tres corresponden a portarse mal? No, sin embargo él oyó tres veces que se le dijo que lo que estaba haciendo no se hace, ¿cómo puede aprender a distinguir cuál de las tres es parte de "portarse bien"?

Es importante ser específicos en el señalamiento para que el niño sepa en qué conducta tiene que poner su atención para recuperar lo que perdió. Por ejemplo: *"No puedes salir a jugar hasta que no hayas terminado de recoger tu cuarto; no puedes comer dulces hasta que te hayas terminado la carne".*

Cuando la consecuencia no sirve

Aun cuando la consecuencia haya reunido todas las características antes mencionadas es posible que el niño no modifique su comportamiento. Antes de concluir precipitadamente que necesitan cambiar de consecuencia, hay que revisar algunas ideas.

Cada niño tiene su propio carácter, temperamento y estilo personal, no es un títere al que se puede modelar al antojo de los adultos, por lo tanto, recurrirá a diferentes tipos de mecanismos antes de responder a los esfuerzos por educarlo.

Hay niños que responden a la indicación sin mayor requerimiento de nuestra parte y hay otros que necesitan haber experimentado la consecuencia varias veces antes de decidirse a modificar su comportamiento. A los primeros se les suele llamar dóciles, a los segundos, rebeldes.

Primero, una consecuencia no debe ser descartada hasta no haber sido utilizada por lo menos durante un tiempo sin ver resultados. La cantidad de tiempo dependerá de la edad del niño y de la importancia que tenga el comportamiento sobre el que se está trabajando, pero para poder ofrecer una idea aproximada no se cambia de consecuencia por una sola experiencia en la que no resultó, ni se mantiene más allá de dos meses si no se ha notado mejoría.

Segundo, hay que evaluar si los resultados están siendo medidos correctamente. Hay conductas que se busca que desaparezcan, sin embargo, hay otras que primero van a disminuir en frecuencia o intensidad antes de desaparecer. Si ya pasaron dos meses con una misma consecuencia establecida y se sigue presentando el mismo comportamiento pero, de alguna manera, se ha reducido, no hay que modificar la consecuencia. Simplemente el proceso de cambio en la conducta del niño está siendo lento.

Tercero, si la consecuencia sólo ha consistido en la privación de algún derecho, es momento de intentar el uso del castigo para ver si al reforzar penalizando la reincidencia de la falta se logra la modificación que no se ha presentado. No hay que olvidar que el castigo no suple a la privación del derecho, se suma porque lo que busca es poner el acento sobre la repetición de la falta, no sobre la falta misma.

Una vez que se decide que es necesario modificar la consecuencia, es importante que se elija una que tenga mayor importancia para el niño de la que se había escogido anteriormente. Sólo se debe cuidar no caer en sumar o acumular consecuencias, se intercambia la que se había establecido por una de mayor relevancia.

¿Podemos controlar?

Sólo para reforzar: muchas veces se habla de la necesidad de tener un buen control sobre los hijos, sin embargo, todo aquel que haya tenido la experiencia de participar en la formación de seres humanos habrá descubierto que *no se puede controlar la conducta de nadie*. Desde pequeño un bebé demuestra que si no quiere comerse la papilla, no lo hará, la escupirá, así se le obligue a través de la fuerza.

Es por eso que la única herramienta de influencia es el control que se tenga sobre la consecuencia, de tal manera que frente a ésta el niño tenga que decidir si le conviene o no modificar su conducta. No puede **no** haber consecuencia tras el comportamiento.

Si bien el proceso para aprender a ser padres se logra con el tiempo y la experiencia, muchas veces las decisiones que se toman al respecto pueden estar equivocadas. Si quieren evitar el error al educar, muy probablemente se queden paralizados y no hagan nada, dando lugar, así, al mayor de todos los errores educativos: *la impunidad*.

Recuerden

+ La consecuencia sólo aumenta la probabilidad de que el niño modifique su conducta, no lo garantiza.
+ La impunidad: el padre de todos los errores.
+ La consecuencia debe ser a corto plazo, inmediata a la falta cometida. Se debe establecer su duración, así como la conducta que se espera.

+ No cambien de consecuencia si el niño no modificó el comportamiento a la primera.
+ Observen si hay cambios en la frecuencia o intensidad del comportamiento. Si es así, van por buen camino.
+ Usen el castigo como reforzamiento antes de cambiar de consecuencia.

NUEVE
EL LUGAR DE LAS EMOCIONES
EN LA EDUCACIÓN

Risa y llanto, la carta de presentación de las emociones

La expresión de las emociones de los niños tiene un par de características que voy a revisar dado el tema que nos compete antes de continuar.

Cuando pienso en la capacidad emocional de una persona me ayuda imaginarla como un envase y a las emociones como diferentes tipos de gases. Las emociones, al igual que un gas, se expanden y ocupan todo el espacio que se tenga disponible.

Conforme el ser humano va creciendo puede tener varias emociones simultáneamente e, incluso, contradictorias. Todas ellas ocupan un mismo espacio, por lo que necesariamente tienen que "contraerse" para dar espacio a todas, y esto impacta la manera en la que se proyectan a través del comportamiento.

En los niños, por el contrario, las emociones se presentan de una en una y por lo tanto cada una tiene la posibilidad de ocupar todo el espacio disponible, esto hace que el envase esté ocupado sólo por una emoción a la vez, lo que le da también mucha intensidad a sus reacciones y, por ende, su emoción puede verse pura, intensa, y por consiguiente suele ser radical.

Cuando un niño está enojado odia a sus padres; si está contento se siente por completo rebasado por la alegría, si está triste llora desconsoladamente. Es importante tomar esto en consideración porque la expresión de sus emociones no es proporcional al evento que lo provoca, ni tampoco corresponde a la cantidad de deseo en aquello que está pidiendo, y si se entiende correctamente van a poder lidiar con el asunto de mejor manera.

Por ejemplo: el llanto intenso de Jimena porque no se le permite jugar con su pelota no representa la proporción de ganas que tenía de jugar. Su enojo o tristeza se expande porque no tiene otras emociones con las cuales compartir el espacio y, por lo tanto, la expresión de su emoción es fuerte. Sin embargo, un adulto que está preocupado por un problema en el trabajo, triste porque perdió a un ser querido, contento porque le dieron un ascenso, tiene que relacionarse y lidiar con una serie de emociones que ocupan un mismo espacio, lo que le permite adecuarlas de alguna manera, o redimensionarlas.

Jimena concentra toda su energía en la emoción que presenta. ¿Por qué pasa esto?, por la concepción que tiene del tiempo. El niño vive en el momento presente y se rige por su deseo, le llevará tiempo lograr concebir en el aquí y el ahora que la situación va a cambiar, y que por lo tanto llegará el momento en que lo que desee llegue. Es por eso que los padres suelen hablar con él para explicarle aquellos elementos que está perdiendo de vista en ese momento y que no le permiten adoptar una postura distinta frente a lo que está pasando.

Las emociones en los niños también son cambiantes. Entre más pequeño es, los cambios son más abruptos. Por ejemplo: Naomi aún tiene lágrimas escurriendo por las mejillas y ya está sonriendo. Los niños pueden pasar de la sonrisa al llanto con una gran facilidad y una emoción reemplaza completamente a la otra.

Cuando Anya le asegura a su madre que no volverá a desobedecerla, lo hace porque dada la intensidad con la que experimenta la emoción piensa que ese deseo por ser obediente va a durar el resto de su vida. Ella considera que va a "quedarse deseando" querer agradar a su mamá y por eso lo asegura con tal vehemencia.

Seguramente, ya habrán experimentado cómo, al paso de escasos minutos, se puede volver a estar involucrados en un conflicto porque lo que se le pidió a Anya no le gustó, y sus buenas intenciones ¿en dónde quedaron? Se movieron con sus emociones, y es que las emociones rigen el comportamiento infantil.

De hecho, uno de los indicios de la madurez se podrá observar en la medida en la que el niño consigue expresar su emoción de manera proporcional al evento que la provocó pero, sobre todo, cuando a su comportamiento lo dejan de regir sus emociones. Por ejemplo: un niño va aprendiendo a reconciliarse o a prestar sus juguetes porque entiende la explicación que se le da. Así, sus padres van buscando que logre hacer cosas a pesar de lo que siente y de esta manera evolucionan sus emociones más allá de lo que éstas le dictan.

Si la intensidad con la que un niño pide las cosas **no** responde a la intensidad con la que lo desea, ¿cómo se puede saber cuando realmente le importa o quiere aquello que solicita? La permanencia del deseo en el tiempo es una de las mejores pistas para saberlo y es por eso que hacer que esperen ofrece otra gran oportunidad.

Por ejemplo: cuando Diego pide una bicicleta (independientemente de la intensidad con la que la pida), no se sabe si en realidad la quiere o si sólo es un antojo. Sin embargo, se pueden observar las siguientes opciones:

1. La pide desde varias emociones distintas. Cuando está enojado sabe que quiere un bicicleta de cumpleaños, cuando está triste quiere su bici, incluso, cuando está contento jugando con un balón tiene ganas de su bicicleta.
2. Permanece en su deseo a pesar de que se exponga a otros juguetes novedosos para él. Alguien le enseña un juguete nuevo que le llama la atención y, aunque pueda dudarlo, se mantiene en su idea sobre la bici.
3. Cuando hay alguna oportunidad de tener contacto con el objeto la aprovecha. Va de visita a casa de un amigo que tiene una bicicleta y no duda en usarla; se le ofrece ir a un parque en donde rentan bicis y acepta gustoso.

Se puede aplicar a estas opciones cualquier cosa que un niño "parece querer", desde un dulce, un juguete, un videojuego, el lugar para ir a comer o a pasear, el sitio de vacaciones, la clase extraescolar, etcétera.

Resulta evidente pensar que si el padre rápidamente le da una bici no podrá descubrir ninguna de estas opciones para asegurarse de que el deseo de su hijo es genuino; es por esto que hacer que los niños esperen ayuda a conocerlos, sin embargo, también les hace darse cuenta de que lo que en un momento dado pueden creer, cambia con el tiempo y no necesariamente es cierto. Habrá malestar, pero es un malestar que invierte en aprendizaje.

¿Cuántas veces no ha pasado que ese chocolate que se le negó al niño cuando lo quería, una vez llegada la hora se lo dieron, y fue él quien lo rechazó porque prefirió otro dulce?

Que algo se le antoje o tenga un deseo son dos cosas distintas. El tiempo que pasamos deseando ayuda a valorar lo conseguido. Otra vez: *La vida cotidiana nos da el pretexto para educar.*

La educación y la validación de las emociones pueden ser aliadas

Las emociones dan sazón a la vida, nos permiten experimentarla y no sólo conocerla. Con frecuencia, escuchamos que los seres humanos somos mente y corazón, y asociamos a este órgano la experiencia del sentir, ya que entendemos la vida con la cabeza y desde ahí buscamos la lógica de lo que sucede y tratamos de darle un sentido a través de la razón. Sin embargo, no es desde ahí donde la disfrutamos, la sufrimos, la lloramos, etcétera, sino desde las emociones.

Para fines de lo que estoy revisando en este libro, no busco extinguirlas, sino educarlas, pretendiendo que el niño logre tener control sobre sus emociones; control, no en el sentido de evitarlas, sino de manejarlas. Cuando las emociones inundan nuestro comportamiento y lo dirigen, los problemas no tardan en hacerse notar, de lo que se trata es de reconocerlas y darles el lugar que, como fuente de información, tienen en nuestra vida, son un elemento más a considerar en las decisiones que en todo momento tenemos que tomar y son también las que nos dicen quiénes somos y lo que nos define.

Desde las emociones el niño se sentirá aceptado, querido, valioso, capaz, importante, etcétera. Y, por supuesto, y por eso es tan importante, están las emociones contrarias. Se va a ir construyendo desde la experiencia de sus emociones y esto hace que siempre que formamos parte de su vida y de su proceso educativo y de crecimiento lo tengamos en cuenta. *Hay que educar con cuidado.*

Sin lugar a dudas, educar implica pasar e impactar el campo de las emociones del niño; sin embargo, no por eso se le puede permitir que se rija por el mundo de sus deseos y, en muchas ocasiones, la intervención de los padres dará lugar a sentimientos de tristeza y enojo en él, por lo que se vuelve indispensable que al educarlo estén presentes siempre el respeto y el reconocimiento.

Respeto al mostrar desaprobación frente a su comportamiento, pero nunca a su persona; y reconocimiento de las emociones, intenciones y motivos que lo llevaron a actuar como lo hizo.

Sentirnos amados: un deseo universal

Con educar bien a los hijos no es suficiente, hay que amarlos y amarlos bien. Es indudable que en el corazón de los padres existe la experiencia del amor hacia los hijos, sin embargo, para amarlos bien tienen que *sentirse* amados, más que *saberse* amados.

La experiencia de no sentirse amado, sin lugar a dudas, lastima de manera importante y genera sufrimiento en la persona, sin embargo ahí no queda, con mucha frecuencia impacta de manera diferente a los distintos niveles de cercanía del grupo social al que pertenece, a su comunidad y a todo aquel que tiene relación con la persona, y es que el proceso va desencadenando una serie de procesos que, aunque no es motivo de este libro revisar, vale la pena conocer en su expresión más simple pero reveladora.

A menudo los eslabones de la cadena se van creando de la siguiente manera: cuando el niño no se siente amado busca que lo vean aunque sea con enojo; si con el enojo no logra generar un movimiento en ustedes provocará que lo odien, y si esto no da resultado, hará que le teman. *La educación requiere de firmeza, pero también de calidez.*

El llanto: un mecanismo de tortura

Me atrevo a asegurar, sin miedo a equivocarme, que el llanto es el instrumento de tortura más eficaz con el que cuenta un niño para tentar a un padre a doblegarse frente a sus deseos.

Si ven con crudeza y simplismo lo que he estado hablando hasta el momento, parecería que están en la vida de sus hijos para amargarles la existencia, ya que, de alguna manera, les echan a perder sus momentos de placer, ya sea porque no pueden hacerlo, porque el tiempo se terminó o porque ya fue suficiente. Entre más pequeño es el niño o menos acostumbrado ha estado a que hagan esto de manera consistente, sin lugar a dudas aparecerá el llanto.

Me encantaría que se grabaran esto en la cabeza: 99% de las veces que un niño llora **no está sufriendo**. Concebir el llanto como sufrimiento es una de las ideas que entorpece la educación.

El llanto es la forma de expresión de un personaje que nació sin lenguaje para decirnos: *"Esto que está pasando no me gusta".* Es su manera de expresar su desacuerdo nada más, es la manifestación de su malestar, es el equivalente a la mala cara que le ponemos a alguien cuando nos dice o pide algo que no nos parece.

Cuando crecemos vamos aprendiendo (si quienes nos educan lo hacen bien) a modular el llanto, de tal manera que aparezca sólo cuando corresponde y para los fines pertinentes, porque también es cierto que no es un comportamiento que debe desaparecer de nuestra vida, tiene una función clara.

La diferencia entre el niño y el adulto es que el primero no ha logrado socializar la respuesta al malestar y llora, pero en la medida en la que va desarrollando nuevas habilidades el llanto debe ir cediendo espacio a formas más efectivas de solución de problemas.

El llanto en un niño es normal, sin embargo, el berrinche es, por mucho, aunque no siempre del todo, creación del adulto. El niño empieza por llorar, después aumenta su intensidad, posteriormente grita e introduce vocabulario, "avienta golpes", se tira al suelo, es capaz de comenzar a lanzar objetos, ya, exageradamente, se pega contra el piso o la pared o suelta maldiciones, etcétera, todo esto en la medida en que la reacción de los padres los vaya favoreciendo. Se puede convertir en todo un "espectáculo".

Aprendiendo a relacionarse con el llanto

Al considerar que el llanto es la expresión de algo que no le gusta al niño y que por lo tanto es un problema para él, es importante entender que lo que puede estar necesitando es que fijen su atención en la situación que dio lugar a que llorara, pero no en el llanto mismo. Es por esto que cuando aquello que lo provocó es algo digno de ser atendido, se le pedirá que primero se calle para poder entonces actuar, y no al contrario.

Por ejemplo: Iñaqui viene llorando con su papá porque un niño, significativamente más grande que él, le quitó su pelota. Resulta indudable que requiere de ayuda porque no podrá lograr solucionar su problema solo. Por lo tanto, su papá deberá pedirle que se calme y cuando termine de llorar con gusto lo acompañará a recuperar la pelota. El llanto de Iñaqui es entendible, sin embargo, gracias a lo que hace su papá irá aprendiendo que no era necesario llorar para conseguir que su papá interviniera.

Hay que aprender a no tener prisa en resolver la situación, se hará si se requiere pero, primero, como requisito indispensable, el llanto tendrá que finalizar.

Habrá situaciones en las que el llanto es resultado de algo que ya no tiene solución y que sólo hay que acompañar. Por ejemplo: Naomi se cayó y se asustó. Evidentemente el escaneo veloz que hace todo papá resulta, en milésimas de segundo, indicador de si hay algo que atender más allá de lo desagradable que fue para ella haberse caído. Una vez hecho esto, y dependiendo de la edad de la niña, se pueden acercar para ayudarla a levantarse o nada más pedirle que lo haga y venga a donde ustedes están. A partir de este momento se acoge a la niña, pero no se relaciona con ella hasta que se calme. Todas las frases que se suelen decir alrededor de una caída como: *"Camina con cuidado"*, *"ya te dije que no corras"*, *"fíjate por dónde caminas"* y demás, se van a dejar para después, una vez que Naomi se haya tranquilizado y deje de llorar.

Los momentos en los que se debe tener especial cuidado son aquellos en los que el niño lloró como consecuencia de algo que su padre no le permitió hacer, lo corrigió o hizo que hiciera, es decir, aquellos en los que la aparente culpa de que esté llorando es del papá. En esta situación, y en la medida de lo posible, no se acoge al niño mientras llora ni se le acompaña. Hay que ignorarlo hasta que se tranquilice y deje de llorar. Las explicaciones, si es que hay alguna que dar, se le hacen después.

La regla de oro por excelencia frente al llanto es que *no se habla con un niño que está llorando*; se le puede acompañar, "apapachar", cargar (dependiendo de su edad), pero no se le habla ni se le pone atención a lo que quiere decirnos. Frases como: *"Cuando termines de llorar me explicas"*, *"no te entiendo cuando hablas y estás llorando"*, *"tranquilízate y después te escucho"* pueden ayudar a manejar la situación. Hay que evitar decir que no llore y mucho menos castigarlo. Los comentarios deben ir en la línea de: *"Cuando decidas dejar de llorar…"*.

El famoso "¡tiempo fuera!"

Así como el niño tiene derecho a llorar si así lo desea, es cierto también que, como papás, no tienen que padecer el llanto. Con frecuencia se sugiere que se recurra a la técnica del "tiempo fuera".

El tiempo fuera no es más que establecer un espacio en donde el niño pueda estar mientras decide seguir llorando y busca mandar varios mensajes. En ese momento los padres deben decirle cualquiera de las siguientes opciones:

- Si quieres llorar puedes hacerlo.
- El resto de las personas no tiene por qué soportar tu llanto.
- No estamos enojados contigo porque estás llorando.
- Sólo en ti está la capacidad para detener el llanto.

Con frecuencia me encuentro con que los papás consideran que el tiempo fuera es una consecuencia y no es así. Por ejemplo: el tiempo fuera abre un paréntesis para favorecer que

Soren se tranquilice y logre parar de llorar, ya que el tiempo que le lleva hacerlo puede, además de ser muy molesto para las personas que están ahí, prolongar su duración, pues la estimulación que hay en el lugar en el que se generó el problema está presente y el resto de la gente suele tratar de intervenir (con toda su buena intención) para calmarla.

Hay que recordar que Soren está en proceso de aprender a controlar el llanto y la ayuda que realmente necesita no está ni en darle lo que pide, ni en tratar de distraerla con otra cosa, ni en explicarle para que entienda por qué debe dejar de llorar a pesar de tener ganas de hacerlo, sino en brindarle un espacio en donde pueda entrar en relación con su llanto para buscar su propia capacidad para detenerlo.

Al no ser el tiempo fuera una consecuencia, si lo que llevó a que Soren llorara estuvo relacionado con un comportamiento inadecuado, una vez que el tiempo fuera tuvo su efecto, la niña tendrá que pagar la consecuencia de sus actos y reparar, si es el caso, la conducta presentada. ¡Ojo!: la consecuencia es sobre la conducta inadecuada, no sobre el llanto. Si la niña comenzó a llorar cuando su mamá le dijo que tenía que recoger sus muñecas con las que había jugado, al salir del tiempo fuera deberá levantarlas.

De preferencia, la niña deberá quedarse sola mientras decide dejar de llorar, pero si no es posible, la presencia del adulto debe ser en completo silencio evitando reaccionar ante las conductas que Soren presente. Si al intentar dejarla sola se sale del cuarto, se le regresa sin decir nada y se cierra la puerta, deteniéndola del picaporte, si fuera necesario, mientras ella está intentando forcejear para poder abrir.

Los berrinches

Nada empodera más a un niño que el hecho de que los padres le teman al berrinche. *Dale la galleta "con tal de que no llore", "cárgalo con tal de que no llore", "llévalo para que no llore", "préstaselo antes de que llore".* Hay que derrocar a los berrinches, pero no por evitación.

Los niños no empiezan haciendo berrinches, al principio lloran. Como ya mencioné al inicio, el berrinche suele ser una construcción de los padres por la manera en la que se relacionan con el llanto de su hijo. Cuando el llanto se volvió la llave que le abrió todas las puertas, una vez que ellos se deciden a ignorarlo, éste aumenta de intensidad. Los papás, ingenuamente, estaban dispuestos a ya no responder al llanto como lo conocían, pero nunca calcularon que éste iba a aumentar no sólo en intensidad, sino en la acumulación de conductas adicionales: pegar, aventar, golpearse, tirarse al piso, decir groserías y demás conductas relacionadas con los berrinches, llegando en algunos casos a privarse o vomitar.

Por ejemplo: el berrinche es la señal por excelencia de que Sofía está consentida, es decir, que recibe más "sí" en su vida que "no"; es sólo una falta de práctica frente a lo que hoy llamamos "frustración", es decir, el malestar de que no pase en el momento lo que se desea. El berrinche es un aviso de que los padres se están equivocando.

Para extinguir el berrinche hay que saber que primero va a disminuir en intensidad o frecuencia, antes de desaparecer. Con mayor razón, en el berrinche no se le habla a Sofía ni se le pone atención a lo que está diciendo, no sólo por la razón descrita en el llanto, sino además porque en el caso del berrinche todo lo que se dice tiene un efecto parecido al de "dar cuerda", y lejos de lograr tranquilizarlo se le potencializa.

Cuando Sofía ya está en pleno berrinche quiere decir que también perdió el control sobre su llanto, por lo que el declive se tendrá que ir dando solo. Es por esto que cuando un niño al que ya se le conocen sus berrinches empieza a llorar, es importante decirle que si no se tranquiliza se le llevará al espacio que se tiene destinado para que se calme y, una vez pasados cinco segundos, la deberán llevar para evitar que aumente y le tome más tiempo lograr controlarse.

Si Sofía presenta conductas que pueden resultar peligrosas, como pegarse o caerse de lugares altos, los padres van a intervenir sólo para evitar las conductas de riesgo, pero siempre en completo silencio. Si se priva, se le sopla en su carita o se le salpica un poco de agua para hacerla reaccionar y se suelta. De la misma manera, si vomita se le cambia y se le vuelve a dejar.

El llanto es una de las conductas que no desaparecerán, sólo los padres necesitan enseñarle que no es un requisito para ser atendida.

Recuerden

+ Los niños presentan una sola emoción a la vez, son intensas, puras, cambiantes y radicales.
+ Las emociones permiten experimentar la vida y rigen el comportamiento de los niños.
+ Las emociones deben ser validadas, pero no por eso educadas.
+ Hay que educar con cuidado.

+ El niño, al madurar, va aprendiendo a expresar sus emociones.
+ Cuando un niño llora no está sufriendo.
+ No se habla con un niño que está llorando.
+ El "tiempo fuera" no es una consecuencia, es un espacio que se abre para que el niño practique el control de su llanto.
+ El berrinche es una creación del adulto.
+ La educación requiere de firmeza pero también de calidez.

DIEZ
ROMPIENDO MALOS HÁBITOS

Nunca es tarde

Seguro se estarán preguntando: *¿Qué hacemos ahora con lo que ya hicimos mal?* La gran ventaja de la educación es que todos somos modificables, y aunque podemos hacerlo bien desde el principio y no tener que deshacer, también es probable que haya conductas que claramente no están funcionando en la educación de sus hijos, pero siempre tienen la manera de poder resarcir.

Sin duda, lo que no les ha salido bien es, a su vez, la consecuencia de sus propios actos, y para revertirlos tendrán que pagar las consecuencias, pero vale la pena.

Lo primero que tienen que tomar en cuenta es que gracias a que los niños tienden a repetir y de que el aprendizaje se da por este mismo principio, se van a valer de estos mismos mecanismos para hacer las cosas distintas.

Las personas hacemos hábitos de muchas de nuestras conductas, por eso decimos que tenemos buenos o malos hábitos. El niño hace hábito de su comportamiento, es por esto que aun cuando está mal educado, ya tiene un hábito, el de no obedecer. Si de todas formas las conductas se hacen hábito, ¿por qué no hacerlas hacia lo esperado y no hacia el lado contrario?

Cuando un niño no tiene el hábito de lavarse las manos, la batalla se da todos los días; sin embargo, cuando lo tiene, la batalla se da al principio, pero después los padres se liberan. Un hijo mal educado desgasta a sus padres todos los días, la mayor parte del tiempo, mientras que aquel al que se va educando sólo los desgasta en los momentos en los que le están implementando el hábito de una nueva conducta, pero los libera el resto del tiempo, en las demás situaciones en las que ya presenta la conducta esperada.

Digamos que el crecimiento de los hijos es una gran lista con pendientes, y poco a poco se va logrando ponerle palomita a lo que ya se va estableciendo sin la necesidad de su intervención, lo que es lo mismo, sin desgaste.

La pregunta sería: *¿Por qué si educar bien trae por mucho más beneficios tendemos a educar mal?* Porque a los padres se les olvida la bifocalidad. Cuando se da una situación específica sólo se analiza el momento y les cuesta relacionar que el hecho de que sean *"flexibles por una vez no pasa nada", "cinco minutos no es nada", "qué más da", "todos merecemos una segunda oportunidad"*, etcétera en un momento determinado tendrá repercusiones importantes después.

Siempre que los padres vean sólo la situación presente, la tendencia a consentir, a decir que sí, será muy grande, pero si no pierden de vista que eso es sólo un hecho que usaron de pretexto para educar, su decisión será más acertada.

Otra vez, su problema es lidiar con el malestar de ese momento, ¿no vale la pena posponer un placer inmediato y poco duradero por un bienestar más permanente y productivo? Se suele equivocarse en el presente, pero las consecuencias se verán en el futuro… y muchas veces no tan lejano.

He revisado muchos conceptos hasta el momento, pero lo más importante de todo es que la base de la obediencia es la *credibilidad*: *Si su hijo no les cree no les va a obedecer.*

Todo lo demás son sólo las herramientas para utilizar en el camino, pero si no les cree, si lo que le dicen que son las consecuencias no acaban siendo, si lo que le dicen que pasará ante determinadas circunstancias no pasa, si lo que le van diciendo de la vida no coincide con sus experiencias, no van a conseguir que les obedezca.

La obediencia es el hábito que se hace por algo que en un principio fue acto de fe (si no te terminas la comida no hay postre) y con el tiempo se corroboró gracias a la experiencia de vida (no hubo postre al terminar de comer).

¿Qué hace difícil romper un mal hábito?

Son dos aspectos:

Primero: la resistencia del niño será mucho mayor porque ya está acostumbrado a funcionar de otra manera.

Segundo: al principio, muchas veces la reacción del niño va a ir empeorando antes de mejorar. Todo lo que aprendió que le daba resultado, antes de modificarlo, va a intensificarlo. Si con llanto consigue que lo atiendan y ahora ya no, va a llorar más fuerte o por más tiempo. Es por esto que si ustedes tendían a complacerlo "con tal de que no llorara", ahora van a tener que "tolerar" mucha más cantidad de llanto antes de que él se dé cuenta de que por ahí ya no logra nada.

La mala noticia es que para que el niño rompa un mal hábito tendrán que tolerar la intensidad de la respuesta antes de poder lograr el cambio en su conducta, pero, como todo, tiene su ventaja y su desventaja. La desventaja es que al no haber hecho a tiempo el buen hábito, la relación con él se desgastó y se pasaron varios momentos malos. La ventaja es que no van a tener que esperar meses o años para que tenga buenos hábitos, aprende más rápido si ustedes se mantienen consistentes. Y es justo la consistencia el ingrediente final para que romper el mal hábito acabe siendo un éxito.

Habrá ocasiones en las que el cambio se dé con mayor resistencia; dependerá del tema del que se trate, de la cantidad de tiempo que se tenía viviendo el mal hábito y también del carácter y temperamento del niño, pero éstas son variables sobre las que no se tiene control. En cambio, romper el mal hábito, crear conciencia y la disposición para sobrellevar el proceso sí están bajo su control.

Lo difícil siempre es implementar los primeros hábitos o romper los primeros malos hábitos porque, una vez que los padres van ganando credibilidad, el niño va disminuyendo su resistencia porque ya sabe, por simple experiencia, que las posibilidades de que pase lo que le están diciendo son altas. Y como cualquier niño, busca evitar el malestar y no se suele meter en situaciones desagradables si no tiene una apuesta de que pueda valer la pena en términos de placer.

Para respetar y obedecer, el niño ya no elegirá sobre placeres, sino sobre malestares, y entonces su dilema será: ¿qué me causa menos malestar, hacer la tarea o quedarme sin ver televisión? De lo contrario es: ¿el malestar de hacer la tarea o el placer de ver la tele? Si no pasa nada, sin duda verá la tele, pero si no habrá tele, empezará a redimensionar qué tan desagradable es hacer la tarea, si eso le implica no ver la tele.

El proceso al romper el mal hábito

Romper un mal hábito implica tres momentos distintos:

a. El niño descubre que el asunto ya no se resuelve con la conducta que ha venido presentando, y para esto debe estar dispuesto a dejar cualquier otra actividad en segundo plano e incluso sacrificarla.

b. Recordarle al niño la experiencia anterior cuando se está otra vez frente a la situación.

c. Supervisar la conducta de manera que se repita lo necesario para ir logrando una respuesta apropiada sin resistencia.

Mientras no hayan logrado el tercer inciso, no deben hacer excepciones, dado que corren el riesgo de retroceder y cada vez van a tener que volver a empezar. El desgaste es mayor porque aumenta la resistencia del niño.

Revisemos un ejemplo con sus posibles complicaciones: La mamá de Sofía quiere que su hija levante los juguetes que dejó tirados cuando termina de jugar, pero la niña está acostumbrada a llorar, gritar, pelear y demás acciones, lo que hace que su mamá la regañe y, con mucha frecuencia, los juguetes queden regados; Sofía se queda llorando y castigada, pero sin que el asunto se resuelva.

Su mamá decide que a partir de ese momento cuando llame a Sofía para que recoja sus juguetes no le va a permitir salir de su cuarto hasta que no estén en su lugar.

Escenario uno: Sofía se niega a recoger los juguetes y comienza a llorar como siempre lo hace, mientras que su mamá cierra la puerta y se sienta callada vigilando que su hija no tenga posibilidades de abandonar la situación. Este hecho se da en medio de todo tipo de comportamientos alterados de Sofía en las que la mamá únicamente interviene para evitar conductas peligrosas. De seguro la niña no nada más llorará, sino que incluso recurrirá a situaciones como querer agredir, aventar objetos e insultar. De llorar e insultar pasará a suplicar, pedir por favor y todo lo que se le pueda ocurrir, pero no aceptará recoger los juguetes. Después de un rato, muy probablemente enojada, acabará levantándolos.

Escenario dos: Pasa lo mismo, con el agravante de que al final, en lugar de que Sofía recoja los juguetes, acabe quedándose dormida.

Escenario tres: Se repite lo mismo, sólo que lleva más tiempo de lo que la mamá pensó y se presentan situaciones como tener que llevar a otro de los hijos a su clase, ir a la cita programada para el dentista, tener que atender una llamada, etcétera y Sofía ni se queda dormida, ni recoge los juguetes y el drama continúa.

Es altamente probable que la mamá piense en el escenario dos y en el tres y que la estrategia no está dando resultado, pero no es cierto, lo único que esto nos dice es que el proceso requerirá de otras intervenciones que son importantes de hacer para terminar en donde la mamá quiere.

En el escenario dos, en el que Sofía se quedó dormida, van a dejarla y sólo la primera vez levantarán los juguetes y darán por terminada su intervención, pero no el proceso. Para esto, en el siguiente momento en el que corresponde tener que recoger los juguetes, le dirán algo como esto: *"Es hora de recoger los juguetes que utilizaste, ¿recuerdas lo que pasó ayer? Tú decides si quieres que se repita la misma situación o si lo haces bien".*

Si la situación se repite la mamá hace lo mismo, se quedan ahí sólo para verificar que Sofía no tenga oportunidad de salir de la habitación. Si esta vez su resistencia la lleva hasta el punto de terminar dormida nuevamente, aquí la diferencia es que cuando ella despierte deberá de volvérsele a pedir que recoja antes de que quiera realizar otra actividad. Cuando un niño se acaba quedando dormido y no hizo lo que se le pidió, es importante tomar en consideración que como parte del proceso es importante que descubra que aunque no hizo lo que se le pedía, no pudo hacer tampoco ninguna otra actividad que él hubiera preferido. Con frecuencia éste es un paso intermedio por el que los padres van a atravesar, antes de llegar a donde quieren, y eso no significa que no están logrando nada. El objetivo más importante no es que los juguetes estén recogidos, sino que el niño sepa que cuando no hace lo que se le pide, no puede hacer otra actividad.

En el caso del escenario tres lo que corresponde es que sepan que cuando van a dar inicio a este tipo de reversas en la educación es importante que eviten generar expectativas respecto a cuánto creen que le llevará al niño recapacitar, tanto en cantidad de tiempo como en conductas que presentará en su intento por evitar la situación, ya que frecuencia menudo tienden a superar lo que los padres calculaban y esto puede hacerlos titubear.

Vamos a suponer, en este mismo escenario, que la mamá le dijo a Sofía que no sale de su cuarto hasta que no recoja sus juguetes, pero resulta que ella no accede a pesar de que ya han pasado tres horas y es tiempo de llevar a su hermana a la clase de ballet. Es **muy importante** que su mamá continúe sin moverse de la situación. Si es posible, puede buscar quién la ayude a llevar a su otra hija al ballet, pero si no, es preferible que la hermana se quede sin ir a que su mamá se vaya y Sofía tenga la oportunidad de terminar bien librada, porque entonces todo el esfuerzo habrá sido inútil. Si su mamá se va con su hermana, la niña descubrirá que, después de todo, no era tan importante para su mamá que ella recogiera sus juguetes.

Seguramente se estarán preguntando: *¿Qué culpa tiene la hermana de Sofía para quedarse sin poder ir a su clase de ballet?* Lo primero que tienen que tomar en cuenta es que ésta no es ni será la forma de vida de la familia, es un momento de quiebre para poder reorientar una situación, y un momento de quiebre siempre necesita posturas más determinantes, es parte del costo de no haber puesto límites a tiempo. Y, por otra parte, están mandando un mensaje que incluye a todos los miembros de la familia: *Nada es más importante que obedecer.*

Cuando Sofía se da cuenta de que su mamá "prefirió" dejar a su hermana sin ir al ballet con tal de cumplir con su palabra, sabrá que en verdad no tiene alternativa. Su hermana, por otro lado, aprenderá que cuando ella se encuentre en una situación semejante, no valdrá la pena resistirse ya que "en esta casa se obedece".

Por supuesto, en otro momento la mamá podrá hablar con su hija y explicarle por qué tomó esa decisión.

Sea cual sea el escenario que se presente, es importante hacer algunas consideraciones. Frente a la siguiente situación, con las mismas características, se le recordará al niño lo que sucedió la ocasión anterior y se le hará hincapié en que él es quien decide cómo quiere que se den los hechos. Por otro lado, mientras se está con él en la parte crítica, es muy importante que se guarde *absoluto silencio* y, si es posible, mantenerse en la situación adoptando cierta indiferencia u ocuparse en algo dadas las circunstancias.

En muchas ocasiones puede ser necesario que alguno de los padres sirva de obstáculo para que el niño no abra la puerta y se salga, o tener que estarle quitando de las manos objetos que pueden ser peligrosos, o tener que contenerlo por su intento de golpear o patear. Los más afortunados pueden hacer como que leen, doblan la ropa, pegan un botón o cualquier otra actividad que sea posible.

Dependiendo de la edad del niño, también es posible, antes de iniciar este tipo de intervenciones, que se hable con él para decirle que de ahora en adelante cuando se presente una situación parecida se va a manejar de esa misma manera y que podrá decidir cómo quiere vivirla. Lo importante es que sí se va a avisar, no es justo hacerlo cuando se está en la situación, sino en un momento fuera de ese contexto, por ejemplo, cuando se va en el trayecto hacia algún lugar. Y cuando la situación se presenta, sólo se le hace referencia a que recuerde lo que se habló y que éste es el momento al que nos referíamos. Fuera de esto, únicamente queda tener temple y mucha paciencia.

Recuerden

+ La desobediencia también se hace hábito.
+ Siempre conviene hacer un buen hábito, la batalla sólo se da al principio.
+ La base de la obediencia es la credibilidad.
+ Al pretender romper un mal hábito la resistencia del niño aumenta y su conducta empeora antes de mejorar, pero los padres tienen la ventaja de lograr el cambio más rápido que si se hubiera establecido desde pequeño.
+ Una vez lograda la conducta hay que ser consistentes.
+ Nada debe ser más prioritario que ser obedecido.

✦ Una vez que el niño aprende a obedecer, las decisiones inmediatas las hacen a partir de la elección de malestares y no de placeres.

✦ Para tener éxito al romper un mal hábito hay que:

a) tolerar su resistencia,
b) recordarle la experiencia, y
c) supervisar su comportamiento.

ONCE
EL CÍRCULO DE INTERVENCIÓN

Con la consecuencia no basta

La plataforma para lograr todo lo que enriquece el proceso educativo y favorece una buena relación afectiva entre padres e hijos requiere que el esquema de autoridad / obediencia funcione bien.

Es cierto que los padres quieren que sus hijos obedezcan porque eso aligera bastante el ambiente familiar y facilita las buenas relaciones, así como la armonía al interior de la familia, sin embargo, también esperan que sus hijos **entiendan** el porqué de la obediencia y logren **reflexionar** acerca de lo que hicieron.

¿Cómo y cuándo hacerlo?

Sin duda alguna sólo lograr que los niños obedezcan es apenas el primer paso, pero también el más complejo y desgastante, por eso le he dedicado tanto tiempo.

Por ejemplo, el planteamiento ideal sería: cuando Valeria es sorprendida teniendo una conducta indeseada, lo primero que los padres deben hacer es **detener** su comportamiento. Muchas veces los papás se enteran de ese comportamiento cuando ya sucedió. Ante cualquiera de las situaciones, lo que procede es **señalar la consecuencia**. Si ésta ya se había anticipado o era conocida por ella, sólo deben hacerle alguna alusión al respecto, de lo contrario, se la notifican.

Dejen que la consecuencia sea vivida por Valeria y den también un tiempo para que se recupere del enfado o malestar (en algunos indiferencia) por haber tenido que "pagar" por lo que hizo.

Cuando Valeria ha recuperado su desenvolvimiento natural o en algún otro momento que los padres consideren pertinente, se acercan a ella y buscan entablar una pequeña conversación. En este momentotendrán que hacer la pregunta: ¿Qué fue lo que pasó? Con ella se busca que la niña cuente la versión completa de lo sucedido y conocer la lógica que utilizó para hacer lo que hizo. De aquí se pasa a cuestionarla de cómo ve ahora la situación, incluida la consecuencia que tuvo que pagar y lo que opina de esto.

En ese momento los padres le explicarán a Valeria lo que ellos hicieron y le aclararán que la consecuencia sólo respondió a una conducta específica que se considera inapropiada y no se puede permitir que vuelva a ocurrir. Por ejemplo: le dirán que guardaron la pelota porque mordió a Marcelo, que entienden que estaba enojada porque su hermano no se la quería devolver. Una vez que se explica esto es importante dar paso a lo que puede resultar educativo, pero no nada más en el sentido de evitar que no se repita esa conducta, sino en la reflexión que permite proyectar a futuro; es decir, en ayudar a dar línea para saber qué se espera hacia adelante. ¿Qué podrías haber hecho diferente?, ¿qué opciones tenías?, ¿qué pasaría si solucionas los problemas de esa manera?, etcétera.

En este momento en cuando se habla con los niños acerca de lo que se espera de ellos en situaciones similares. Normalmente las circunstancias de manera natural van llevando a los padres a hacer esto, pero en otro orden: detienen la conducta o se enteran de lo sucedido y hablan con los niños para saber qué pasó. En el mejor de los casos, independientemente de lo que ellos expliquen, se dicen las consecuencias y después se da por terminado el evento.

¿Cuál sería el error de hacerlo al revés?

Primero, en un porcentaje muy alto, los padres suelen caer en la trampa de volverse jueces y tratan de buscar culpables para determinar quién fue el responsable, en consecuencia, esto puede hacer que tiendan a avalar el comportamiento inadecuado de quien consideran "víctima".

Segundo, después de hablar con sus hijos y hacerlos entender lo que piensan se les dice que la consecuencia ya no es necesaria porque ya tuvieron una explicación.

Tercero, en toda esa conversación Valeria ha venido aprendiendo en su corta experiencia que, dependiendo de lo que diga, podría evitar la consecuencia de sus actos, por lo que es muy probable que distorsione los eventos.

Cuarto, Valeria está muy alterada y esto hace que no vea el evento en su verdadera dimensión.

Una vez que Valeria ya pagó la consecuencia, pasó tiempo y, por lo tanto, sus emociones se han ido acomodando, y además de ver el evento en otra dimensión y al hablar de lo que pasó, cuando ya no hay nada que perder, la niña puede hablar del asunto con mayor veracidad dado que no está obcecada por el intento de recuperar la pelota a toda costa.

El principal interés que tienen ustedes como padres no puede quedar solamente en tranquilizar a su hijo y que el asunto quede olvidado. Tienen que ser más ambiciosos, necesitan que lo que pasó le vaya dando experiencia a su hijo para situaciones similares futuras. ¿No es así como los adultos fuimos ganando experiencia?

El asunto va más allá; gracias a estas formas de intervención, Valeria puede ir decidiendo, después de haber aprendido conductas más aceptables para solucionar problemas, que si una situación o una amistad no es lo que ella desea, puede optar por distanciarse o abandonarla. No sólo irá creciendo, sino también madurando.

Enseñar a actuar bien: una vida en valores

Volvemos reiteradamente al tema de la bifocalidad. Educamos en el presente, formamos hábitos en el presente, intervenimos en el hoy, dentro de la cotidianidad, pero el propósito, el ¿para qué?, está en el futuro. Es por esto que en cada actuar tenemos que evitar perder de vista lo que viene después y para eso los padres tienen que dar paso al tema de los valores.

Cuando los niños son pequeños son incapaces de obedecer cualquier ley que no sea la del propio deseo, y como eso les preocupa a los padres entonces proceden a corregirlos debido a que son adultos que buscan formar buenas personas y para eso sus hijos tienen que aprender a distinguir la diferencia entre el bien y el mal. Sin embargo, también quieren que vayan aprendiendo a **actuar** bien y a **rechazar** lo que está mal.

En un principio los adultos tenemos que actuar frente a los comportamientos de los niños, reconociendo cuando actúan bien, aunque ellos no estén conscientes, y sancionando cuando lo hacen mal. Con el tiempo se podrán incluir análisis que ayuden a contextualizar y a formar el criterio en ellos, pero eso no se va a poder hacer siempre, ni desde el principio. Se requiere que vayan ganando una capacidad de comprensión cada vez mayor para poder hacerlo. Sin embargo, el hecho de que estén pequeños y no podamos darles toda la explicación de por qué estuvo bien o mal, no significa que no debamos actuar en consecuencia.

Hablando de valores y virtudes

Todos los que nos dedicamos a la formación humana estamos de acuerdo en no dejar de lado, en la educación de los niños, el aprendizaje de los valores morales. Sabemos que ellos pueden ayudar a mantener funcionando el mundo al que pertenecemos, pero sobre todo los que pueden ayudarnos a alcanzar una vida de calidad en lo personal y principalmente en lo social. Es desde los valores que se pueden obtener pautas de acción que benefician a la persona y a los demás seres humanos. Cuando se decide desde los valores no se excluye a nadie.

Sin embargo, no es al nivel de los valores en donde la humanidad tiene el problema, sino en su traducción en el comportamiento de las personas, o sea, a nivel de las virtudes. Los valores no son más que la conceptualización teórica, son las virtudes y los comportamientos los que evidencian los valores que se profesan, y es en los actos en donde los valores toman sentido.

Para que un niño vaya aprendiendo a vivir en valores necesita ir siendo consciente de las posibles consecuencias de sus actos, es por esto que he venido haciendo tanto hincapié en la necesidad de que los padres ejerzan su autoridad, haciendo que los niños "experimenten" las consecuencias de su comportamiento.

Los niños pueden entender los valores morales si se les habla de ellos, pero no los van a incorporar en su comportamiento si no son sancionados cuando cometen faltas o presentan conductas que se consideran inadecuadas.

Llegó el momento

En el capítulo siete hablé de la necesidad de enseñarle a un niño a reparar el daño, también comenté que los padres deben actuar sin importar la intención de los actos del niño. En el capítulo seis mencioné que no era momento de hablar de moral; ahora ha llegado el momento de hablar de valores, para que se tome en cuenta la intención.

Los adultos tendemos a valorar o juzgar los actos de las personas porque consideramos que siempre que alguien actúa de cierta manera podría haberlo hecho distinto, pero decidió actuar así. Los seres humanos somos los únicos que podemos planear nuestro comportamiento y elegir cómo queremos hacerlo dentro de las condiciones de nuestro contexto. Al juzgar estamos reconociendo esta condición humana y por eso le adjudicamos responsabilidad a otro frente a sus actos.

Por lo anteriormente mencionado educamos a nuestros hijos, de lo contrario no tendría sentido hacerlo. Si, como los animales, respondiéramos ante lo que la naturaleza o nuestros genes nos mandaran hacer, no necesitaríamos entrar en estos dilemas. Sin embargo, al educar buscamos que los niños se acostumbren a ser protagonistas de sus éxitos, pero también de sus fracasos, y para eso necesitamos revisar con ellos la intención o el motivo que tuvieron al actuar.

Por ello no basta con señalar la consecuencia, es necesario sentarnos a hablar con ellos cuando ya tienen edad para entender y revisar lo que pasó: *"¿Por qué actuaste de esa manera?"* (motivo), *"¿para qué lo hiciste?"* (intención), *"¿qué pasos seguiste para lograrlo?"* (medios de los que se valió) y *"¿lograste lo que pretendías?"* (resultados obtenidos).

Poco a poco el niño va irá aprendiendo que para que una acción sea buena necesitará reunir una motivación basada en sentimientos como el amor o la empatía; en intenciones que benefician a uno mismo y a los demás; en intenciones que nada tienen que ver con la violencia o la mentira, y valorar si los resultados corresponden a las intenciones.

Pero nada de esto dará resultados si el niño no experimentó la consecuencia de sus actos y esto fue sólo parte de una linda conversación. El aprendizaje de los valores es un aprendizaje vivencial y es posterior al actuar.

¿Por dónde empezar?

Los padres empiezan, sin darse cuenta, a través de las advertencias que les dan a sus hijos en la vida cotidiana: *"No hables con extraños"*, *"salte de la cocina"*, *"eso no se dice"*, *"dame la mano para cruzar la calle"*, etcétera, con lo que les van haciendo notar que hay actos malos y peligrosos. A partir de este momento el niño comienza a aprender comportamientos, aunque su comprensión del porqué y para qué venga mucho tiempo después.

Posteriormente, los padres empiezan a inculcarles a sus hijos hábitos de compañerismo, amabilidad y solidaridad, entre otros, cuando los llevan a visitar a alguien que está enfermo, cuando los inducen para que presten sus juguetes, dejen el asiento libre para otra persona, ayuden a cargar algo, etcétera. Aunado a esto, viene el señalamiento de que den las gracias, pidan las cosas por favor y se disculpen, que aunque son sólo normas de cortesía y buenas costumbres, son hábitos que los van preparando para que más adelante experimenten agradecimiento, arrepentimiento, empatía, compasión y otros buenos sentimientos.

Cuando el niño realiza una buena acción se le debe reconocer a través de un halago, un comentario positivo o tan sólo una sonrisa. Pero si lo que presenta es una conducta que los padres consideran mala o inadecuada es importante establecer la consecuencia, como lo mencioné al principio del capítulo, y expresar desaprobación.

Es muy importante la manera en la que los padres muestran su desaprobación. Debe quedarle muy claro al niño que se están expresando de esta manera por su conducta inadecuada, pero no por lo que él es, y que esto nada tiene que ver con falta de amor hacia él. De hecho, estas palabras le ayudarán a saber que con la consecuencia se busca reparar el comportamiento inadecuado y que ese acto no sólo se olvida, sino que ha sido superado.

Breves notas antes de terminar

Se pueden crear en los niños hábitos de buen comportamiento siguiendo ciertos esquemas o con la comprensión de algunos conceptos, pero la formación humana y moral es algo que los padres logran a través de sus propios códigos de conducta. Si ustedes no son los primeros en estar convencidos de que ser una buena persona es deseable, eso lo transmitirán y les mandarán mensajes confusos a sus hijos en su proceso educativo.

No pueden ser padres sin revisar quiénes son y cómo están constituidos, cuáles son sus prejuicios y si están dispuestos a navegar contra corriente cuando se trata de vivir en valores.

El mundo en el que nos movemos actualmente ya no tiene valores tan claros como en el pasado, ni suele reconocer y valorar en las personas una vida comprometida, por lo tanto, es probable que se queden sin palabras cuando sus hijos los cuestionen si en verdad vale la pena vivir de esta manera.

Sólo quienes saben que vivir en valores no tiene que ver con las mayorías y que hoy más que nunca tiene que ver con un asunto de conciencia y con "dormir tranquilo", podrán acompañar a sus hijos en este proceso.

Recuerden

✦ Busquen que sus hijos modifiquen su comportamiento, pero también que entiendan lo que hicieron y reflexionen acerca del porqué de las cosas. Es el momento de revisar su intención.

✦ Se detiene la conducta, se establece la consecuencia y, al final, se reflexiona con ellos.

✦ Busquen que sus hijos se conviertan en personas de bien; para lograrlo deberán no sólo distinguir sino actuar bien rechazando el mal.

✦ Si el valor no se traduce en el comportamiento, no sirve.

✦ Se aprende primero en la acción y después se entiende.

✦ Las buenas conductas se reconocen, las malas se desaprueban y conllevan consecuencias.

DOCE
LOS RIESGOS DE SER PADRES

Equivocarnos

Ser padres es la actividad más antigua de la humanidad, y muy probablemente los parámetros desde donde se intenta educar deben de haber cambiado a lo largo de los siglos. Nosotros somos, como generación, testigos de uno de esos cambios. Muchos padres fueron educados de maneras muy diferentes a como hoy educan a sus hijos. ¿Mejor o peor?, sería una discusión interminable. Lo cierto es que si las condiciones en las que está nuestro mundo fueran el termómetro que nos llevará a hacer la evaluación, quizá saldríamos dejando mucho que desear.

Hoy por hoy coexistimos generaciones con muy diferentes creencias acerca de cómo se educa a un niño. Aún hay adultos mayores que tendieron a educar con la mirada, con una clara idea, no necesariamente correcta, acerca de qué debían de permitirle hacer a un niño y con una incuestionable idea de quién era la autoridad. Estos adultos están viendo hoy a sus hijos educar a generaciones en las que los niños cuestionan, deciden, eligen, participan, etcétera. Es por esto que se dice con frecuencia que los actuales papás son la generación *sándwich*, porque salieron de obedecer a sus padres para obedecer a sus hijos.

Más allá de quienes crean que tienen la razón, con frecuencia los comportamientos de los niños parecen convencer a los abuelos de que era mejor la educación que ellos les dieron a sus hijos.

Hay un elemento presente que muy probablemente no ha abandonado la acción educativa desde los inicios de la humanidad: la posibilidad de error. ¿Qué padre no piensa que se ha equivocado por lo menos una vez? ¿Quién no se ha cuestionado qué sería lo correcto hacer frente a una situación equis con sus hijos?

Al ser la educación una actividad humana por excelencia, la posibilidad de equivocarnos la acompaña en todo momento. Si esto es así, ¿cómo podemos incorporar el error como una herramienta educativa? Si no podemos deshacernos de él, vivir con el miedo a equivocarnos podría justo causar lo contrario, equivocarnos dos veces.

Con los padres con los que he trabajado a lo largo de mi vida profesional percibo un deseo inmenso por quererles evitar a sus hijos la sensación de malestar, pero también un gran temor a cometer errores. Y en la mayoría de los casos lo que acaba pasando es que se paralizan.

Dicen que uno provoca lo que teme, así que si su propósito educativo como padres es evitarles malestar a sus hijos vivirán complaciéndolos, y cuando ya no lo puedan hacer ellos lo vivirán con un nivel de dolor e incapacidad mayores a cualquiera de los que ustedes quisieron evitarles.

Si, por otro lado, dejan de actuar por miedo a equivocarse, generarán un ambiente de impunidad que le dificultará a su hijo el desarrollo de las habilidades que le permitirán desempeñarse mejor en la vida real.

El problema no está en equivocarse, el problema real está en lo que hacen los padres con sus errores. Necesitan hacer del error un aliado más, no un enemigo. Es cierto que hay que tratar de minimizar su presencia e influencia en la educación, pero también es verdad que así como al niño le enseñan la capacidad para reparar y resarcir, ustedes pueden estar atentos para hacer lo mismo y de esta manera modelar esas habilidades.

¿Cómo minimizamos la posibilidad de error? Con el establecimiento de reglas. Las reglas unifican y dictan qué hacer o cómo resolver una situación dada, independientemente del estado de ánimo, humor, cansancio, crisis de vida o demás situaciones que nos puedan hacer vulnerables y, por lo tanto, perder objetividad.

Tendremos reglas en dos niveles: las primeras serán concretas. Son las que tenemos asociadas cuando hablamos de reglas, como serían los horarios para hacer determinadas actividades. Pero hay otras que son conceptuales o filosóficas, como sería obedecer, respetar a los adultos, no mentir, etcétera.

Como no todas las conductas inadecuadas las tenemos reglamentadas de manera explícita, en muchas ocasiones, frente a una circunstancia particular, nos vemos obligados a tomar una determinación de momento, y ésas son las que, con frecuencia, pueden llegar a dar lugar a errores de juicio, por lo tanto, es importante tomar en consideración dos criterios que pueden ayudar a los padres a evitar hacer más grande el error cometido.

a. **Más vale equivocarse que titubear.** Cuando se establece una consecuencia y después se considera que "no era para tanto" o "que se exageró" y se decide retractarse, el mensaje que el niño recibe es que su conducta no fue errónea, que el quien equivocó fue el padre, por lo que en lugar de ayudar entorpece el proceso. Finalmente, los padres tienen que entender que el error es, la mayoría de las veces, una falla de dosis, pero no habrían cometido esa falla si la conducta inadecuada del niño no se hubiera presentado.

b. Si se van a equivocar, que sea hacia el orden y no hacia el caos. Muchas veces los padres no establecen las consecuencias porque no saben qué sería justo, y cuando se dan cuenta el tiempo ya pasó y la consecuencia ya no tiene sentido. Nada hace más daño que una conducta impune, es más importante que "pase algo" a que la consecuencia sea la adecuada.

Si los padres establecieron una consecuencia y se excedieron, por lo menos disminuyen las probabilidades de que la situación se vuelva a presentar. De lo contrario, al quedar impune la mala conducta tiene una alta probabilidad de volver a aparecer. El niño va aprendiendo que al cometer una falta corre el riesgo de que quien aplique la consecuencia se equivoque y eso también es algo que tiene que aprender a asumir, ya que fue él quien, con su comportamiento, dio lugar a la situación.

Ahora, como padres, tienen la obligación moral de no abandonar la parte que les toca. No pueden desentenderse y actuar de manera arbitraria bajo el argumento de lo que revisamos antes. Así como el niño debe ir aprendiendo, ustedes también deben ir tomando de la experiencia lo que corresponde y aprender a ser cuidadosos en el establecimiento de consecuencias. La misma aplicación de consecuencias les va a ir dando la retroalimentación e irán ganando mayor experiencia.

Consentir: un acto de egoísmo

Cuando la mayoría de las personas nos dice que Constanza está muy consentida, nos imaginamos a una niña que quiere hacer en todo momento lo que se le antoja, independientemente de si es momento, prudente, oportuno o adecuado que lo haga. Resulta fácil suponer que a Constanza le dicen casi a todo que sí aun cuando ni siquiera hayamos sido testigos o conozcamos a sus padres.

Los niños consentidos generalmente presentan conductas comunes, lloran con facilidad, casi siempre a nivel de berrinche. No ceden frente a los demás, no se adaptan a las circunstancias, no suelen ver las necesidades de quienes los rodean y sólo están contentos mientras están involucrados en algo que desean. Son descritos como antipáticos y poco a poco la gente, niños y adultos, los evita.

¿Cómo puede ser un acto de amor convertir a un niño en alguien así? Evidentemente no suele ser a propósito. En mi experiencia, los padres no suelen actuar de mala fe, sino por lo que suelo llamar "egoísmo piadoso" o ignorancia. Estos padres, al igual que todos, padecen (sufren) cuando ven a su hijo en una situación que no le gusta y tienen el impulso de intervenir para evitarla, ya sea porque son ellos los que quieren dejar de experimentar ese malestar o porque no saben el beneficio que tiene para su hijo aprender a solucionarlo por sí mismo.

Sea cual sea la razón, ser padres siempre implica un trabajo personal. Para educar tienen que actuar "a pesar de ustedes" y "a pesar de él" y muchas veces decir que **no**, y mantenerse ahí es lo correcto.

Cuando ser padre se convierte en una bandera peligrosa

Solemos hablar con frecuencia de "padres e hijos" como si se implicara una sola interacción; una parte de la relación, que es llamada "padres" y la otra "hijos", da lugar a una única forma de relacionarse en la que los primeros presentan una serie de comportamientos para educar a la otra parte de la ecuación en bloque, como una sola cosa. Nada más lejos de la verdad.

Los padres no son una sola unidad, son dos seres con educación, personalidad, experiencia, motivación y forma de comprender la vida muy distintas, y los hijos, aun cuando están iniciando apenas su vida y son educados por los mismos padres, tampoco pueden ser englobados en una sola unidad.

Cada hijo es único, nace en un momento específico de la vida de cada uno de los padres e impacta la vida de éstos de formas distintas, les implica vivencias diferentes y les despierta sentimientos diversos. Cada papá establece una relación distinta con cada uno de sus hijos, por lo que una familia está constituida por una serie de interacciones diferentes: la de los padres entre sí, la de papá con cada uno de los hijos y la de mamá con cada uno de los hijos.

¡No basta con esto!, dada la relación que se tenga establecida con cada miembro de la familia, les impactará de alguna manera la forma en la que otro miembro de la misma familia se relaciona con cada uno de ellos. Por ejemplo: si papá se identifica más con Marcelo que con Patricio, cuando mamá le llame la atención a Marcelo tanto papá como Patricio reaccionarán diferente, y esta reacción repercutirá en la forma en la que se va construyendo su relación con cada uno de los miembros de la familia.

¿Qué peligros puede haber en esta reacción? Que dada la posición de jerarquía que tienen los padres y la importancia afectiva que éstos representan para sus hijos puedan escudarse en su posición de padres para tomar decisiones que lejos de estar motivadas en su propósito educativo lo estén en conflictos no resueltos en su vida personal y que son trastocados por el hijo en cuestión. Por ejemplo: la mamá de Mónica puede ser más exigente con ella que con Alejandra, porque Moni tiene el carácter de su papá con el que tuvo mala relación.

Como personas, los padres no están expuestos a tener mayor afinidad con uno u otro de los hijos, aunque alguno de los hijos les caiga mal o les resulte molesto. Sin embargo, también adquieren el compromiso de lograr un mayor conocimiento de sí mismos y de ser honestos en relación con lo que los hijos les provocan.

Igual que la conexión natural con un hijo, el remordimiento y la culpa por sentimientos que otro de los hijos puede haberles causado a los padres en algún momento puede ser mal consejero en la toma de decisiones al momento de educar. *Educar es un asunto de conciencia.*

Aunque se suele considerar que lo ideal es que los padres decidan juntos y establezcan una relación más allá de su relación de pareja para poder hacer un frente común para sus hijos, es indudable que la experiencia de la paternidad es individual y personal.

A lo más que pueden llegar el hombre y la mujer es a intuir lo que ha representado para el otro miembro de la pareja haber sido padre, cada uno sabe qué le ha representado a nivel personal. Es por esto que cada uno de los padres deberá educar para darle cuentas a su conciencia.

La violencia no es un error, es una condena

Sería un error considerar a la violencia como un error en la educación, también sería un error no hacer mención del tema en un libro de educación. Sin embargo, la postura es contundente, y lo contundente no requiere de mucho espacio, sólo de claridad y firmeza:

La violencia no es una alternativa en el proceso educativo de nadie.

Recuerden

✦ No hay forma de educar sin cometer errores.

✦ Las reglas ayudan a minimizar la presencia de errores en la educación.

✦ En cuestión de educación más vale equivocarse que titubear, y si se equivocan procuren que sea hacia el orden y no hacia el caos.

✦ El error por excelencia es la impunidad.

✦ Todo padre debe aprender a educar "a pesar" de su hijo y "a pesar" de sí mismo.

✦ La violencia no es una alternativa educativa.

✦ La familia está constituida por una serie de interacciones distintas que impactan y son impactadas por cada miembro.

✦ Son los padres quienes tienen el peso de la responsabilidad del manejo de sus propias motivaciones en las decisiones que toman alrededor de la educación de cada uno de sus hijos.

✦ Educar es un asunto de conciencia.

TRECE
LA RELACIÓN ENTRE LOS PADRES Y SU IMPACTO EN LOS HIJOS

Acuerdo entre padres

Es frecuente escuchar a las parejas decir que los conflictos empezaron a surgir a partir de que los hijos nacieron, y no es difícil entender la razón. Los padres no sólo tienen que aprender a lidiar con la idea de que pueden causarles malestar a sus hijos, sino que además hay alguien más que lo está haciendo: la pareja. Por absurdo que parezca, aun cuando se trata del papá o la mamá, a la pareja le cuesta trabajo aceptar que el otro tiene derecho de llamar la atención, regañar, castigar o cualquier cosa que le cause al niño malestar.

En lo individual, cada padre está llevando a cabo una lucha personal para lograr contenerse en su deseo por consentir a su hijo, y esto con frecuencia hace que haya diferencias de opinión con la pareja sobre la importancia de cada una de las situaciones.

Para dar vida a un ser humano se requiere de dos, lo que significa que desde un inicio el bebé deberá de empezar a relacionarse con dos estilos de personalidad distintos, lo cual, lejos de ser un problema, debería ser una ventaja.

Siempre que hablo con los padres descubro que están más de acuerdo de lo que ellos mismos suponen, ya que ambos consideran que sus hijos deben de aprender a adaptarse, esperan que sean responsables y los quieren autónomos, entonces, ¿cuál es el problema? El estilo.

El estilo es esa manera única en la que las personas tendemos a reaccionar frente a un evento y que va más allá de compartir o no los criterios esenciales de vida.

Hay estilos dulces, rudos, serios, alegres, conciliadores, etc. Y gracias a ellos las personas vamos aprendiendo a desarrollar habilidades que nos permiten relacionarnos de manera adecuada con las demás, lo que significa que en la medida en que una persona está rodeada de una mayor diversidad de estilos en su vida desarrolla más habilidades y, por lo tanto, aumenta su capacidad para lograr adaptarse a situaciones futuras.

Del estilo no depende el cumplimiento de las reglas. Si un niño debe irse a dormir a las ocho, no debe importar si es papá o mamá quien hace cumplir la norma, ni el estilo con el que lo hace, lo que importa es que el niño se encuentre en su cama a la hora establecida.

Los padres no deben de pensar igual pero sí deben llegar a acuerdos. Pensar igual que otra persona es un hecho completamente casual, lo más común es encontrar diferencias de opinión y esto es justo lo que hace necesario llegar a acuerdos. No es tan difícil encontrar coincidencias cuando se trata del mundo de los conceptos o formas de pensar, sin embargo, a la hora de concretar, de llevarlo a la práctica, solemos percatarnos de las diferencias.

Dos personas pueden coincidir en que quieren limitar los tiempos de exposición a videojuegos para sus hijos, sin embargo, a la hora de poner en práctica la idea puede resultar que uno piensa que con una vez a la semana está bien, mientras que el otro piensa que una hora cada día es lo correcto. Ambos pueden creer que los niños deben de estar bien alimentados, pero uno pretender que se acabe todo lo que se le sirve, mientras que el otro considera que tienen derecho a decir cuando ya no quieren más. *Los "qué" no son el problema, sino los "cómo".*

Ideas que pueden ayudar

Lo formativo es aprender que nuestra conducta tiene consecuencias. Sin embargo, no existen consecuencias únicas para conductas específicas; lo que puede resultar para una persona puede no hacerlo para la otra. Un niño puede responder muy bien ante los dulces, mientras que otro lo hace frente a la bicicleta. Normalmente, una persona podría modificar su conducta frente a varias consecuencias distintas, de tal manera que escoger cualquiera de ellas tendría el mismo nivel de impacto sobre la persona, y lo que importa de la consecuencia es justo que haga que la persona reconsidere si lo que está haciendo vale la pena.

Cuando uno de los padres dice que la consecuencia ideal es quitarle la televisión al niño, mientras que el otro considera que la bicicleta, ambos pueden tener razón y una discusión al respecto no tendría sentido, a menos de que lo que realmente esté en juego para ellos sea demostrar quién tiene más poder en la relación, pero eso ya sería harina de otro costal.

Una de las actividades que más trabajo implica para los padres es estar al pendiente de que la consecuencia establecida se cumpla, por lo que suelo recomendar que cuando hay opiniones encontradas con respecto a cuál sería la consecuencia "ideal" para la conducta de un hijo, sea aquel que se va a encargar de verificarla quien la determine, porque eso aumenta por mucho las probabilidades de que lleven a término su función.

El papá podría opinar que lo mejor para que Pablo aprenda a terminarse la comida es no permitirle que se levante de la mesa hasta que no haya acabado. Por su parte, la mamá piensa que lo mejor es que si Pablo no se termina la comida se la tenga que cenar en la noche. En mi experiencia, ambas consecuencias dan resultado, sin embargo, dependiendo de cuál sea la dinámica del funcionamiento de la casa, una puede resultar más práctica que la otra. Por ejemplo: si el papá se regresa al trabajo por la tarde y es la mamá quien tiene que verificar que la consecuencia se cumpla, es probable que sea más efectiva si pone la consecuencia que va más de acuerdo con ella que si tiene que aplicar la que el papá considera la mejor.

Para decidir una consecuencia es importante también tomar en cuenta el estilo de personalidad que los padres tienen; por ejemplo: si yo no soy una persona paciente y soy quien va a verificar la consecuencia, son inmensas las probabilidades de que termine en un gran conflicto si me tengo que esperar a que el niño termine antes de poderse levantar de la mesa.

Asimismo, si la organización de la familia implica que la madre también trabaje o que el hermano e incluso Pablo tengan actividades por la tarde, la consecuencia sugerida por el padre va a resultar poco práctica, aunque haya a quien le ha funcionado.

Las necesidades y preferencias de los adultos que educan también pueden ser tomadas en cuenta en la educación, ya que para hacerlo hay muchas alternativas efectivas posibles, sólo es cuestión de aplicarlas.

No se cobra una factura dos veces

Uno de los conflictos típicos entre las parejas se da cuando el que suele estar más tiempo con los niños espera que cuando su cónyuge se incorpore y reciba todas las quejas del día lo apoye hablando o regañando al niño por su comportamiento. El papá o mamá, por su parte, suele argumentar que pasa poco tiempo con los hijos como para que cuando está tenga que regañarlos.

La postura de ambos puede ser entendida y resulta razonable, sin embargo, lo que puede ayudar a resolver esta situación tiene más que ver con lo que resultaría provechoso o educativo para el niño.

¿Quién está dispuesto a pagar una factura dos veces? Nadie. Es cierto que en la medida en que las parejas se apoyan ante los ojos de los hijos, el proceso educativo es mucho más consistente y ¡claro!, apoyarse no implica necesariamente que ambos hagan lo mismo.

El apoyo se da:

• Cuando ambos miembros de la pareja hacen que el niño cumpla con la consecuencia establecida, sin importar quién de los dos la aplicó o si no se está de acuerdo con ella.

Por ejemplo: si Diego no puede prender la televisión y el papá llega a casa, mientras no encienda la televisión puede tener cualquier tipo de contacto con su hijo, incluso sin mencionar que está enterado de la consecuencia establecida. Lo importante es que la televisión no se prenda.

• Cuando al niño se le regresa la responsabilidad frente a una situación en la que hizo las maniobras necesarias para evitar la consecuencia.

Por ejemplo: Valeria le pide permiso a su mamá para salir a andar en bicicleta, una vez otorgado la madre descubre que su papá se lo había negado. Por lo general, ambos padres discuten al respecto generando un conflicto entre ellos y haciéndose responsable uno al otro del error cometido: *"tú no me dijiste"* o *"me hubieras preguntado"*, mientras, la niña logró su propósito. Más allá de que esto pudiera o no confirmar un problema de comunicación entre la pareja, lo importante es salir a pedirle a Valeria que suspenda la actividad, estableciendo la consecuencia que se considere pertinente, dado el comportamiento presentado, dejando en claro que cuando uno de los padres dice algo en automático está avalado por el otro, no importando si estaba enterado o no.

- Cuando una falta se presenta reiteradamente, se habla con el niño para reforzar lo que se espera de él.

Por ejemplo: Rousse ha presentado en varias ocasiones mal comportamiento a la hora de hacer la tarea, y a pesar de las consecuencias establecidas y aplicadas no hay un cambio en su comportamiento, la pareja puede acercarse a hablar con ella para reafirmar la importancia de que modifique su comportamiento o de lo contrario se tendrá que recurrir a una consecuencia más severa.

- Cuando se evita intervenir a favor del niño en el momento en que nos solicita ayuda porque no está de acuerdo con lo que le pidió su mamá o papá.

Por ejemplo: papá está supervisando el arreglo de Mauricio, y como no le permite ponerse lo que quiere, el niño llama a su mamá pidiendo ayuda. La postura debe de ser clara, ya sea sin intervenir o con frases como *"arréglalo con tu papá"*.

En esta situación suele presentarse una línea muy delicada entre lo que sería dar apoyo y lo que caería en anular la autoridad de la pareja.

Para todos es claro que si el padre o la madre ponen una consecuencia y el otro la quita, se está restando autoridad. Lo mismo sucede cuando se contradice a la pareja frente al niño.

Sin embargo, como comentaba antes, hay maneras muy sutiles e incluso bien intencionadas en las que se puede hacer lo mismo. Siempre que el padre o la madre necesitan de su pareja para que el niño los obedezca, se está anulando su autoridad, pero también cuando la pareja piensa que apoya a su cónyuge al intervenir para pedirle al niño que la obedezca están cayendo en lo mismo.

Es frecuente que se le diga al hijo: *"Obedece a tu mamá"* cuando ésta insiste en que se meta a bañar y el niño no hace caso. ¿De qué dependería que esta intervención sea apoyo o anulación de la autoridad de la madre? De que esta intervención sea la única manera en que la madre logre ser obedecida por su hijo.

En cuestiones de educación es muy importante evitar caer en generalidades. No siempre que se dice: *"Obedece a tu papá"* se está anulando al otro, pero tampoco siempre es una muestra de apoyo. En ocasiones es más apoyo cuando el cónyuge no interviene porque confía en que la pareja va a ser capaz de resolver la situación que se le está presentando con su hijo.

Es por eso que se vuelve muy importante la comunicación entre los miembros de la pareja; importa saber cómo se siente mi compañero o mi compañera con mis intervenciones y cómo es que lo veo yo.

- Cuando dejo de creer que por qué a mí sí me obedecen, el problema es del otro.

Hay familias en las que dadas las habilidades naturales, de carácter o simplemente porque no está tan desgastada su presencia con los hijos, alguno de los miembros de la pareja logra tener un impacto más alto en la disposición de ellos por obedecer. Esto sin duda es afortunado porque siempre es más disfrutable estar con niños que obedecen que con aquellos con los que hay que estar peleando para que hagan lo que se les pide.

Sin embargo, el propósito de la educación no es hacer a los hijos dependientes de la presencia de uno para que se comporten de acuerdo a lo esperado. Lo ideal es que los chicos vayan logrando transferir el aprendizaje de la obediencia a otros contextos, de tal manera que poco a poco pasen de tener que ser regulados por un adulto a la autorregulación y la autonomía en el comportamiento.

De tal manera que si uno de los padres se está dando por satisfecho por ser el único que logra esto con sus hijos, se está quedando corto y no está cumpliendo con el verdadero propósito de la paternidad, o sea la formación integral.

Cuando ponerse de acuerdo es imposible

Aunque es importante aspirar a lograr el entendimiento y los acuerdos, con frecuencia la realidad nos supera y hay situaciones que van más allá de las buenas intenciones. Aunque no es lo ideal que los padres no se pongan de acuerdo, el asunto no está completamente perdido frente a los hijos si por lo menos una de las partes está dispuesta a generar un cambio que ayude a destrabar el desacuerdo.

Es importante tomar en cuenta que dado que el propósito de este libro es la educación de los hijos, las estrategias van en función de lograr este beneficio, pero que muy probablemente tendrán repercusiones en la relación de pareja.

Cuando uno de los miembros de la pareja continuamente está rompiendo con lo que se estableció es importante empezar a replantear las consecuencias posibles, dado que se sabe que este riesgo existe.

Supongamos que mi hija Daniela no debería ver la televisión porque no hizo la tarea, pero siempre que esto sucede llega mi pareja e ignora la situación y permite que la niña vea su programa favorito. Ante situaciones como ésta, al poner la consecuencia delimitaremos su tiempo a aquellos momentos que *sí tenemos bajo control*.

La consecuencia más difícil de revertir cuando los padres no logran llegar a un acuerdo no radica tanto en el desacuerdo frente a los hijos, sino en la pérdida de autoridad que se evidencia frente a ellos. Cuando se da esta situación ya ni siquiera es necesario que la pareja esté presente cuando se da una orden para que la hija no la obedezca, aparte de que su autoridad queda anulada.

En el ejemplo antes mencionado la consecuencia ya no tendría que ser dejar de ver la televisión por hoy, para convertirse en dejar de ver un programa específico que pasa en un horario en el que la pareja no tiene forma de interferir.

Ya decía antes que sí hay maneras de no devaluar la autoridad del cónyuge dentro de lo posible.

Ceder la autoridad cuesta mucho trabajo, pero en ocasiones es la mejor manera de manejarse frente a los hijos. Cuando yo discuto con mi pareja frente a ellos las complicaciones que se derivan suelen ser más difíciles de tratar que el hecho de que la consecuencia no se cumpliera, por lo tanto, hay ocasiones en las que hay que elegir entre malestares, no entre lo deseable.

Si ustedes, padres, discuten por hacer valer su autoridad con su pareja sucede lo siguiente:

a. Los niños quedan atrapados entre el deseo del momento por obtener lo que les causa placer y el malestar de que los padres estén peleando por su culpa. Por ser niños y sólo pretender ver la televisión, en ese momento es claro para ellos que estar con el miembro de la pareja que los apoya es lo que más desean.

b. Una vez pasado el tiempo y que los niños hayan podido ver la televisión, aparece el malestar y la culpa por "haber provocado" el conflicto.

c. Los niños descubren que su autoridad no es tan fuerte como lo pensaban y se vuelve muy tentador ponerla en duda en una próxima situación en la que el placer vuelva a estar de por medio.

d. Los niños empiezan a desarrollar mecanismos para lograr lo que quieren cuando lo desean y como lo desean y con frecuencia aprenden a confrontar a los padres.

No es difícil imaginar cómo pueden crecer estos niños, que si bien parece que lograron tener lo que quisieron en muchos momentos, aprendieron que la vía para lograrlo es a través del conflicto, del desacuerdo, de la enemistad y muchas veces incluso del divorcio de sus padres. Ningún niño merece cargar con este desacuerdo.

Recuerden

✦ El verdadero desacuerdo entre los padres no está en el propósito educativo, sino en sus diferencias de estilo.

✦ Los diferentes estilos ayudan a un niño a desarrollar habilidades variadas para la interacción social.

✦ Lo formativo es enseñar que las conductas tienen consecuencia.

✦ Lo difícil no es establecer la consecuencia, sino darle seguimiento y verificar que se cumpla.

✦ Para ser padres, pensar igual no es necesario; saber llegar a acuerdos es lo importante.

✦ El problema no son los "qué" sino los "cómo".

✦ Cuando llegar acuerdos es tarea imposible, utilicen consecuencias en tiempos que puedan tener bajo control.

✦ Ceder la autoridad puede ser, en muchas ocasiones, el mejor de los caminos.

CATORCE
LOS PADRES, UN MODELO PARA SUS HIJOS

El aprendizaje empieza imitando

Cuando un niño nace se encuentra en completo estado de vulnerabilidad, situación que lo hace dependiente. Con el paso del tiempo se pretende que gane autonomía y se vaya liberando de los niveles de dependencia a todo aquello para lo que va estando preparado.

Esto no solamente se da a niveles de supervivencia física, también debe darse en los niveles emocionales, psicológicos, de pensamiento, creencias, estilos de vida, etcétera. Sin embargo, nadie puede ganar autonomía de la nada, y aunque entran en juego muchos elementos, entre ellos se da un proceso de imitación.

Los niños imitan las conductas y así adquieren, si no todos, la gran mayoría de sus comportamientos, desde el lenguaje hasta la forma en la que sonríen. ¿A quién imitan? A todos los que los rodean, pero particularmente a aquellas figuras significativas que tienen registradas desde el momento de su nacimiento, los padres.

La persona a la que imitan representa un modelo para ellos; en el caso de los padres, al ser quienes están presentes en su vida de manera sistemática, el poder de su modelaje se vuelve fundamental.

Los padres nos modelan la mayoría de los temas con los que nos vamos a topar en nuestra vida, ¿cómo se es pareja?, ¿cómo se resuelven los problemas?, ¿cómo sé es responsable?, ¿cómo se decide?, ¿cómo se disfruta?, ¿cómo se sufre?, ¿cómo se es hijo, hermano, padre o madre?, ¿cómo se perdona?, ¿cómo se comunica?, ¿cómo se respeta?, ¿cómo se valora lo que se tiene?, ¿cómo se es solidario?, etcétera.

Seguramente hemos escuchado decir que se aprende por modelaje. Y para esto se suelen poner ejemplos como: *"Si no quieres que tu hijo fume, no fumes"*. Sin embargo, modelar la conducta para nuestros hijos va más allá, no se reduce a situaciones concretas porque es una realidad que las actividades a las que los padres pueden tener acceso como adultos no corresponden a las que pueden tener los niños, y no por esto tendrían que quedar fuera del alcance o disfrute del adulto mientras educa.

Yo puedo manejar aun cuando mi hijo no lo haga y esto no quiere decir que estoy modelando erróneamente. Tampoco significa que manejar y fumar sean conductas equivalentes o deseables, a lo que me refiero es que mientras educan, y hasta ciertas edades, los padres tendrán la posibilidad de delimitar conductas en sus hijos aun cuando formen parte de la vida de ellos, lo que no necesariamente significa que se esté modelando mal.

¿Qué sería entonces ser un modelo para los hijos? Lo que realmente significa es que los padres representan un modelo adecuado. *"Cuando mis hijos me ven respetar las reglas que aplican a mi condición de vida más allá de si estoy o no de acuerdo con ellas"*.

Hay reglas aplican a todos nosotros, pero hay reglas que aplican distinto a los adultos que a los niños e incluso reglas que aplican distinto entre adultos o entre niños, dependiendo de las circunstancias en las que se encuentren. No todas las escuelas tienen los mismos reglamentos y, por lo tanto, sólo aplican para quienes son parte de ese sistema. Lo mismo pasa con los adultos.

Si volvemos al ejemplo del coche, un adulto puede manejar porque reúne las condiciones que se lo permiten, pero una vez que lo hace se ve sujeto a las reglas que regulan este comportamiento. Esas reglas no regulan al niño como conductor porque aún no cumple con las condiciones; sin embargo, sí lo regulan como pasajero de un automóvil y, por lo tanto, no podrá ir en el coche sin cinturón de seguridad o en el asiento del copiloto, dependiendo de su edad.

¿Qué sucede cuando alguno de los padres que está al volante decide infringir una regla de tránsito con el argumento de que considera que esa regla es absurda? Puede ser que tenga razón, el problema es que mientras esa regla exista, al infringirla le está diciendo al niño, con su comportamiento, que uno tiene derecho a no respetar las reglas con las que no está de acuerdo.

Si esto es así, ¿por qué debería su hijo obedecer una orden si no está de acuerdo con ella?, ¿por qué acatar las normas de la casa si a él pueden parecerle absurdas?

Como padres, ¿tendrían entonces que obedecer todas las reglas? No. Siempre y cuando al no hacerlo asuman las consecuencias. Los adultos no tenemos que convertirnos en robots, pero sí tenemos que enseñarles y modelarles a nuestros hijos que lo mismo que esperamos de ellos es lo que hacemos nosotros.

Yo puedo optar por no presentar el comportamiento que la regla me marca, sin embargo pagaré las consecuencias de no hacerlo y puedo, como un extra, explicarle cuáles fueron los criterios que seguí para romper la regla y cómo es que eso "valía la pena para mí" dada la circunstancia. Así es como con el **criterio** vamos educando a los niños y es también aquí en donde se transparentan nuestros verdaderos valores.

Romper reglas por el sólo placer de romperlas es rebeldía. Romper una regla asumiendo las consecuencias es ejercer la libertad.

El manejo del desacuerdo

De todos los ejemplos que podemos modelarle a un niño dada la convivencia que tiene con nosotros en lo cotidiano, hay un común denominador a todas las familias: la presencia de desacuerdos. Así como decíamos que lo importante no es equivocarnos, sino cómo lo manejamos, lo mismo sucede con los desacuerdos. Lo importante no es que aparezcan, sino lo que hacemos con ellos.

Uno de los aprendizajes más benéficos en la vida es aprender a manejar el desacuerdo porque es de aquí de donde se derivan de manera sustancial los conflictos. Lo que solemos llamar "un problema" no es otra cosa que un desacuerdo no resuelto.

Con frecuencia se dice que los padres no deben discutir enfrente de los hijos, y es cierto, pero no porque intercambiar opiniones y argumentar el porqué de lo que pensamos sea malo, sino porque por lo general cuando lo hacemos suele haber descalificaciones, insultos, ánimos alterados, etcétera, y, en efecto, así no debemos de discutir ni frente a los niños ni estando solos.

Cuando las personas saben discutir no tendrían por qué ocultarse de nadie ni hacerlo en privado, a menos que aquello sobre lo que van argumentar haga referencia a situaciones que se consideran de índole privada.

La realidad es que en cuestión de vida cotidiana es complejo realmente que los niños puedan permanecer al margen de los desacuerdos de los padres, incluso cuando éstos intentan disimular, porque ellos van conociendo a sus papás y van sabiendo cómo piensan. Así que creer que podemos "engañarlos" y que no conocen las discrepancias que hay entre la pareja es un poco ingenuo.

¿Quiénes no se han percatado que los niños muy pequeños saben a quién acercarse para pedirle algo?

Diferir con la pareja no es algo que necesita ser privado, lo que sí es obligación de toda pareja es no pelear y, en su caso, tampoco discutir frente a los hijos cuando los temas sobre los que están hablando no son de su incumbencia.

En una discusión las personas involucradas expresan los argumentos a su manera para intentar llegar a un acuerdo con la otra persona. El conflicto, producto de una discusión, se convierte en pleito cuando frente a la impotencia y la incapacidad para expresar las ideas se recurre a insultos, descalificaciones e incluso golpes. Nosotros podemos modelar a nuestros hijos cómo se discute y es por eso que vale la pena aprender a hacerlo.

Con frecuencia lo que los niños están presenciando son pleitos, y esto en definitiva debe evitarse, sin embargo, cuando ya sucedió, es importante hacer una intervención posterior.

Cuando los padres pelean frente a ellos es muy importante que después les expliquen, aclarando particularmente que no tienen nada que ver con el pleito, aun cuando el tema del enojo haya sido generado por un desacuerdo respectos a ellos. Una vez arreglado el desacuerdo con la pareja, es importante decirle claramente al niño que el problema ya se resolvió y que papá y mamá lograron llegar a un acuerdo.

Cuando los niños ven el pleito, después son testigos de que los padres no se hablan, se ignoran o, en el mejor de los casos, están indiferentes el uno con el otro. Para colmo, también empiezan a escuchar mentiras como: *"Mamá no viene al cine porque está cansada"* o *"papá se quedó porque tiene que trabajar"*. Como si esto no fuera suficiente, de repente papá y mamá vuelven a estar bien, pero no como estaban antes, sino mejor, más contentos que antes y dulces y cariñosos entre ellos.

¡Claro que les da gusto!, pero ¡no entienden nada! Lo mínimo que merecen es que hablemos con ellos acerca de lo que pasó, no del contenido del conflicto, pero sí del proceso por el que se pasó. Si el pleito fue público ¿no tendrían que hacerlos partícipes de la reconciliación? Evidentemente, esto siempre va a depender de las edades de los chicos, sin embargo, es importante que ellos puedan tener acceso al proceso completo, ni tuvieron la culpa ni hubo magia para arreglar lo que pasó.

Frases como: *"Como ya te diste cuenta, papá y mamá están enojados y necesitan tiempo para tranquilizarse, pero lo van a arreglar"*; *"cuando dos personas se enojan necesitan separarse un rato para poder tranquilizarse y pensar mejor, por eso nosotros nos vamos a ir al cine y mamá va a quedarse en casa; vayan a despedirse de ella"*; *"mamá y yo (o papá y yo) ya platicamos sobre lo que pasó y arreglamos nuestras diferencias"*. Si cualquier aclaración que hagan con los niños va acompañada de que lo que pasa no tiene nada que ver con lo mucho que los quieren a ambos, siempre les caerá muy bien y los liberarán de cualquier conflicto de lealtades en el que se puedan estar sintiendo.

Del desacuerdo a la amenaza

La separación resulta un proceso doloroso para la familia entera, aunque para cada miembro de la familia pueda tener un impacto distinto. Lo cierto es que cuando los padres se ven en la necesidad de separarse, por la razón que sea, es importante tomar en consideración que aunque esto impacta a los hijos, ellos no tienen ninguna responsabilidad ni culpa en la decisión de sus padres y mucho menos deberán ser quienes paguen precios más elevados de los que ya en sí mismo les conlleva el cambio de vida que resulta de esto.

Existen algunas recomendaciones importantes alrededor de una situación de divorcio que pueden ayudar a los padres en el manejo de esta situación para, dentro de lo posible, ofrecer a los hijos estabilidad emocional:

a. Hablar en plural de la decisión tomada, independientemente de quién haya sido el que la promovió.

b. Expresar con claridad que ellos no tienen ninguna responsabilidad en lo que está sucediendo.

c. Dejar en claro que lo que está terminando es la relación de pareja, pero en ningún momento la relación de cada uno de ellos con sus hijos.

d. Reafirmar que siguen siendo una familia, sólo que va a cambiar la manera en la que ésta se organizará de ahora en adelante.

e. Explicar la separación dentro del marco de niveles de desacuerdo o la falta de amor de pareja que debe existir para que dos personas ya no puedan seguir unidas.

f. Evitar utilizar a los hijos para "castigar" a la pareja por su incumplimiento de un acuerdo que le pertenece a la pareja y no a los hijos.

g. Evitar los menores cambios posibles en la dinámica cotidiana de los chicos durante un tiempo hasta que ellos hayan podido corroborar, por experiencia propia, las implicaciones reales de la decisión de sus padres.

h. Evitar tomar decisiones distintas ante el comportamiento de los hijos venidas de la necesidad de compensarlos o de los sentimientos de culpa generados por la decisión tomada.

Una de las muestras de amor más grandes que se pueden ofrecer a los hijos ante una situación de separación o divorcio se da cuando se muestra respeto ante el otro miembro de la pareja por el simple hecho de ser importante para ellos.

Recuerden

✦ Los padres son modelos a seguir para sus hijos.

✦ Ser buen modelo implica el respeto de las reglas más allá de la opinión que me merecen.

✦ Cuando los padres no obedecen una regla les modelan cómo se asume la consecuencia.

✦ No es posible ocultar a los hijos sus desacuerdos, pero es importante que ellos aprendan de ustedes cómo se resuelven, y en el mejor de los casos cómo se disuelven.

✦ Si su hijo los vio pelear, aclárenle que él no tiene ninguna responsabilidad en eso.

✦ Ante la separación de su pareja, la mayor muestra de amor que pueden darles a sus hijos es el respeto hacia ella que sigue siendo importante para ellos.

QUINCE
¿CÓMO SER PADRES DE HERMANOS?

La relación entre hermanos

Hasta el momento no he conocido a padres a quienes no les importe la calidad de la relación que hay entre sus hijos. El hecho de que los padres hayan visto nacer a sus hijos y los hayan acompañado a lo largo de su crecimiento les hace pensar con frecuencia que pueden determinar sin riesgo de error lo que pasa en la relación entre cada uno de sus hijos y sus hermanos, y no es así.

Es cierto que la familia es una, sin embargo cada miembro va desarrollando esquemas específicos de relación con cada uno de los otros miembros. Esto hace que dentro de ella haya múltiples relaciones con características y condiciones propias en las que se juegan elementos como la química, procesos de identificación, formas de procesar las ideas y las experiencias, preferencias y hasta si se caen bien o mal, y muchas otras más complejas.

Por otro lado, los contactos que vamos teniendo las personas cuando nos relacionamos no quedan terminados a cada momento, van dejando cabos sueltos que se encadenan con una nueva situación. ¿Cuántas veces no hemos escuchado a un hermano decirle a otro, como argumento para que le preste un juguete, que él hizo lo mismo con su patineta "el otro día"?

Al darse las relaciones de esta forma, una situación particular entre dos hermanos no se explica sólo por lo que está pasando en ese momento, por lo que cuando los papás intervienen y pretenden ser justos están siendo un tanto ingenuos y, lo más importante, no pueden dejar de lado que en la infancia no existe interés más significativo para los niños que la aprobación y el afecto de sus padres, por lo tanto, cuando los hermanos están peleando y los padres aparecen para poner orden, pueden generar un conflicto más importante del que intentan solucionar.

¿Qué pueden hacer entonces los padres?, ¿cómo pueden dar lugar a una relación armoniosa entre sus hijos? Revisemos primero lo que suele darse y lo que pueden generar.

Cuando dos hermanos, Diego y Eugenio, se están peleando, alguno de los padres aparece con la típica pregunta: *"¿Qué está pasando aquí?"* ¡Menudo lío en el que se acaba de meter! Lo que van a escuchar, a partir de ese momento, son los argumentos de uno y otro niño acerca de cómo el otro es el culpable y él el inocente. Normalmente, bajo algún criterio al que en ese momento se va a dar prioridad por la razón que sea (¿quién empezó?, ¿quién lo tenía primero?, ¿de quién es el objeto?, ¿qué hay que compartir?, ¿quién pegó?, etcétera) suelen decidir quién está en lo correcto.

Los padres suponen que resolvieron el asunto lo mejor que pudieron, pero el problema es lo que ellos interpretan de lo que acaba de suceder. Es muy probable que el niño que terminó perjudicado dada la "sentencia" del padre en cuestión sienta que su hermano es el favorito, que a él no se le quiere, que el papá eligió al otro, y este hecho le genera mucho enojo hacia su hermano.

A partir de ahora los hermanos están en franca competencia por el afecto y la aceptación de sus papás. A esto es a lo que se le llama **rivalidad**. **Los padres no pueden ser juez y parte, ya que representan la gran recompensa para cada uno de sus hijos**.

Su hijo no quiere mantenerse enojado con ustedes por lo que decidieron porque es mayor la necesidad de aceptación que el enojo por su decisión, pero **sí puede mantenerse enojado con su hermano** y empezará a buscar cualquier ocasión para **cobrarle** que le haya **quitado** el afecto y la aceptación de sus padres.

¿Cuántos de ustedes no describen con frecuencia que un hijo le pegó **de la nada** a su hermano o que lo *molesta sin razón alguna*, etcétera? ¿Les han dicho lo bien que se estaban portando sus hijos **hasta que ustedes llegaron**?

Hay otro elemento aún más peligroso involucrado en esta manera de solucionar los conflictos y tiene que ver con los valores que les están transmitiendo: cuando el padre da el veredicto a un conflicto entre sus hijos para terminar con el problema, y en ese intento privilegia a alguno de ellos (devuélvele su pelota, deja que termine de ver su programa, no lo estés molestando, etcétera), más allá del momento, les está diciendo que ésa es una razón válida para pelear con un hermano. Digamos que el mensaje acaba siendo: *"cuando tienes la razón, cuando algo es tuyo, cuando el otro no comparte… está bien pelar con tu hermano, lo que importa, la prioridad, eres tú y la relación puede ser sacrificada"*.

Siendo así, no tendríamos que sorprendernos cuando los hermanos pelean en su vida adulta por una herencia o una diferencia de opinión frente a un asunto, cuando ante la certeza de tener la razón se sacrifica la relación con un hermano o se distancian de la familia.

Cuando una familia favorece la idea de que las buenas relaciones entre los hermanos son prioritarias y están por encima de cualquier diferencia, los miembros de la familia suelen verse en la necesidad de desarrollar habilidades y mecanismos más efectivos para solucionar sus diferencias y respetarse, así **todos salen ganando**.

En efecto, son los padres los que educan a sus hijos para que logren establecer relaciones interpersonales de todo tipo y, por supuesto, la relación entre los hermanos es parte de este campo de responsabilidad. A los padres les corresponde intervenir, la pregunta es ¿cómo?

Como papás deben favorecer ambientes de convivencia para que las relaciones tengan espacios en donde puedan practicarse, pero en el caso del conflicto su única labor es detenerlo, pero no resolverlo. En general, los conflictos entre hermanos suelen ser de dos tipos:

a. **Aquellos en los que está de por medio un objeto**. Pelean por un juguete, por la televisión, por un dulce, etcétera.

b. **Aquellos en los que no hay un objeto**. Están peleando porque se están molestando o diciendo palabras desagradables, aquí el conflicto es verbal e incluso físico.

En el primer caso se interviene quitándoles el objeto, ya que lo que estarían diciendo con su comportamiento es que ustedes no avalan la idea de que haya un objeto que valga la mala relación entre sus hijos. Así, los niños van aprendiendo que si le estaban dando mayor preferencia al objeto que a la relación, están equivocados.

Este tipo de intervención va generando en los niños la necesidad de compartir, porque aprenden que si papá o mamá vienen les quitarán el objeto, y aunque tienen claro que siempre es mejor jugar solos con el juguete, de eso a perderlo, jugar con el hermano no es tan mala idea. Aprender a compartir con el hermano tiene que ser la alternativa que ellos desarrollen dadas las circunstancias, no el resultado de haber tenido que obedecer a papá porque prefirió a uno de los hermanos, por mucho que le hayan explicado que eso no es así. En este sentido, el niño piensa dado lo que siente y no lo que se le dijo.

Cuando no hay objeto que retirar, únicamente los padres intervendrán cuando haya pasado mucho tiempo y los niños sigan discutiendo o cuando haya una falta de respeto, agresión o insulto entre ellos. Lo que se hace en estos casos es que se interviene sobre el hecho de que ambos participaron, por lo que se les separa y se les manda a cada uno a un espacio diferente, interrumpiendo o impidiendo que se involucren en alguna actividad placentera. No se interviene nada más sobre el que dijo la grosería o sobre el que pegó, sino sobre ambos.

Lo que sucede en una relación de hermanos es responsabilidad de ellos. La armonía es responsabilidad de ambos, no sólo de aquel que perdió el control.

Mientras los niños estén discutiendo pero no se haya dado ninguno de los elementos anteriores, es importante que los padres los dejen, ésa es una de las maneras en las que aprenderán a dirimir sus diferencias. Cuando ha pasado un tiempo razonable y no cesan de pelear, los padres les avisan que si no paran intervendrán para poner un alto, porque ya saben que en la medida en la que una discusión se prolonga los ánimos pasan del insulto a la agresión.

En ambos casos, tanto cuando los padres les quitan el objeto como cuando sólo los separan, la situación no debe quedarse ahí. Después de un tiempo, incluso cuando parecería que el asunto ya quedó atrás, pueden dar lugar a una conversación con ellos, ya sea juntos o separados, en la que podrán preguntar qué fue lo que pasó. Esta conversación les puede permitir escuchar sus razones, cuestionarlos, hacerles ver otras alternativas e incluso dar su opinión, pero en esa línea solamente, sin que lo que piensen o crean les traiga consecuencias a ninguno de los dos.

Incluso los padres pueden decir que parte de lo que uno de los dos dice parece razonable y que parte de lo que dijo el otro hermano también es razonable, pero sólo para modelarles y hacerles pensar que las cosas pueden ser mucho más amplias que lo que ellos alcanzaron a ver en el momento del conflicto. Asimismo, se pueden tomar acuerdos con ellos para futuras situaciones, dejando en claro que si no quieren, de cualquier manera es su problema, porque ustedes lo solucionarán igual que como lo hicieron antes.

Muchas veces de este tipo de situaciones surgen acuerdos como: el que ganó primero la televisión decide qué se ve, o que se van a turnar para elegir el lugar del asiento del coche, etcétera. No tiene que quedar todo solucionado en el momento del conflicto, muchas veces dejar pasar la intensidad de la emoción resulta más benéfico para todos.

Conflicto con las diferentes edades

Cada vez con mayor convencimiento insisto en que **el chiquito** de la casa es un peligro porque los padres, sin darse cuenta, dan este tipo de órdenes: *"Préstaselo, está chiquito"*, *"no te quiso pegar, está chiquito"*, *"te lo arrebató porque está chiquito"*, *"no sabe, está chiquito"*, *"no te está haciendo nada"*, etcétera. Entonces me pregunto con frecuencia: *"¿Quién va a educar al chiquito?"*

Muchos de nosotros conocemos "al chiquito" de 40 años que hace con la familia lo que se le da la gana.

Que haya en una casa miembros de diferentes edades les enseña a todos a relacionarse con seres de diferentes características, pero de ninguna manera eso hace a unos hermanos responsables de otros, ni a los otros sacar ventaja de su situación. Todos los hermanos tienen derecho a que en casa haya circunstancias que permitan que sus necesidades se vean satisfechas dada la etapa de vida en la que se encuentran.

Así como el grande debe aprender a tener cuidado de su fuerza física con el menor, éste también tiene que ir aprendiendo a respetar al grande, aunque lo que le haga no lastime, duela o dure poco tiempo (*"déjaselo, ahorita lo suelta"*).

Lo que se educa es la conducta inadecuada, no quién la presenta. Si Jimena, que tiene dos años, toma un juguete que es de Daniela, que tiene ocho, lo conveniente es decirle a la más pequeña que lo suelte y que se lo pida a su hermana, en lugar de decirle a Daniela que qué más le da si tiene otros o si ese ya ni siquiera lo utiliza.

Hay ocasiones en las que los padres tienen que intentar hacer sus comentarios de una manera mejor distribuida. Supongamos que un niño, considerablemente más grande que el pequeño, viene caminando o entra a un cuarto en donde el chiquito está en medio jugando, y siempre se le dice al grande: *"Cuidado con tu hermano"*, provocarán muchos celos con respecto al hermanito. Pero si en ocasiones le dicen al chiquito: *"Hazte a un lado con tus juguetes para que pueda pasar tu hermano"*, el clima dentro de la familia va a ir siendo mucho mejor.

De la misma manera, si buscan minimizar el impacto de las conductas del grande, es altamente probable que él mismo empiece a tener cuidado. Hay ocasiones en las que el chico tiene tan clara la situación que sólo ve pasar al hermano o éste nada más lo mira y el chico llora o se queja. Es importante que los padres hagan comentarios de que no es para tanto o que en realidad no se le hizo nada. Este tipo de situaciones tienden a balancear la relación entre hermanos y mejoran o suavizan la rivalidad que pueda estarse presentando entre ellos o de uno al otro.

Muchos papás están seguros de que uno de sus hijos fastidia al otro a propósito y pretenden castigarlo. Por lo general estos castigos no sirven, sólo intensifican el malestar del niño. Ahora bien, supongamos que si lo hace con dolo es porque algo lo está lastimando por el mal manejo que los padres pudieron haber hecho antes y que en la medida en que ponen el acento ahí únicamente empeoran la situación.

Cuando siempre es el mismo niño

Hay ocasiones en que ya sea por temperamento, estilo personal o alguna inmadurez en el desarrollo alguno de los hijos tiende a presentar un tipo de comportamiento que da lugar a la mayoría de los conflictos entre los hermanos, por ejemplo: uno es el que siempre pega.

Es importante que los padres puedan hacer una revisión clara de lo que está pasando con este chico para que busquen una solución definitiva, ya que esta situación muchas veces sólo es el síntoma de algo más, pero mientras se logra definir qué es los padres tienen que tomar en consideración que si siempre es este niño el que va a terminar castigado, lejos de solucionar el conflicto muy probablemente lo volverán más complicado.

En estos casos aplica lo que ya mencioné antes: todos los niños involucrados pagan la consecuencia, no solamente el que pega. Cuando los padres ya saben que uno de sus hijos tiene poca capacidad para controlarse, se vuelve también blanco de provocaciones de sus otros hermanos, lo que dará lugar a dinámicas en las que los golpeados no son precisamente inocentes, pero les agrada provocar al hermano para que éste salga mal parado ante sus padres.

En nuestra cultura tendemos a clasificar las conductas de los niños como buenas o malas, cuando en realidad están en proceso de educación y nada más hacen "lo que pueden" o "lo que saben hacer" para resolver sus problemas y ya irán modificando su conducta en la medida en que los adultos les enseñamos cómo. El niño que no pega no lo hace por conciencia, lo hace porque no sabe pegar; ¿cuántas veces no han escuchado que, a pesar de que los padres lo presionan para que se defienda pegando, el niño nada más no lo hace?

Es más mérito de un niño que tiende a pegar deje de hacerlo que el de un niño que no se identifica con ese esquema de respuestas y, por lo tanto, no pega.

Ya que estamos hablando de este tema, vale la pena hacer alusión a algo que con frecuencia estoy escuchando en las familias. Hay niños que pueden volverse blanco fácil de la agresión de otros y es curioso cómo los padres, antes de haber intentado enseñarle cualquier otra estrategia de defensa, los inducen a a que peguen con la idea de que tiene que aprender a defenderse. Estos padres suelen decir frases como: *"Yo le he dicho a mi hijo que si lo molestan tiene derecho de pegar"*.

Decirle a un niño que si alguien lo molesta puede pegarle deja muchas puertas abiertas a interpretaciones confusas. Primero, para un niño siempre que otro hace algo que no le gusta o lo molesta ésa podría ser una razón para pegarle, tenga o no razón. Segundo, ¿a cualquier niño, tenga la edad que tenga, se le pega si molesta? Tercera, y más importante, ¿cuánto tiempo tenemos como sociedad tratando de aprender conductas civilizadas como para volver al "ojo por ojo"? La forma en la que estamos haciendo que el mundo se vuelva más eficiente es creando instancias a las que se les atribuya más autoridad y poder para dirimir conflictos entre personas, ¿por qué entonces no enseñamos ese camino a los niños?

Es importante señalar que incluso antes de llegar a otras instancias hay formas en las que las personas podemos aprender a defendernos sin la necesidad de la agresión. La mayoría de las veces en las que los padres suelen decir este tipo de frases a sus hijos está más relacionada con que a ellos no se les ocurren otras estrategias que con que les parezca muy grato que sus hijos anden por la vida golpeando a otros. Aunque en este tema tengo que reconocer que hay de todo.

La manera más clara a través de la cual podemos defender nuestros derechos y garantizarnos un trato respetuoso por parte de los demás es aprendiendo a establecer límites, curioso, ¿no? Es por eso que dije en algún momento que al ponerles buenos límites a los hijos, además de educarlos, también les están modelando cómo se hace.

Poner límites a otros puede tener muchas variables y cada quién, dado su estilo personal, debe buscar la manera de encontrar aquellas con las que se sienta cómodo sin tener que caer en agresiones. Por ejemplo: un niño al que un amigo nunca le quiere prestar sus juguetes a pesar de que él sí los comparte con él puede aprender a dejar de hacerlo. Una niña a la que las amigas le hacen groserías puede decidir relacionarse con otras niñas de su salón o de su escuela. Alguien a quien le quitan lo que tiene y no tiene la capacidad física para poder enfrentarlo puede ir a pedir apoyo a quien tiene facultades para hacerlo.

Cuando los hermanos se acusan

Una de las manifestaciones más frecuentes de la rivalidad entre hermanos o del intento de alguno de los hijos por ganar una aceptación o aprobación que no siente tener de los padres es acusando a los hermanos.

La única razón por la que los niños tienen que aprender a reportarles a los padres el comportamiento de un hermano es cuando su conducta lo está poniendo en riesgo o lo que está haciendo tiene implicaciones que el hermano, por su edad, no alcanza a dimensionar. Por ejemplo: esperamos que un niño avise si su hermano está jugando con cerillos o si está pintando la pared.

El aprendizaje de este tipo de situaciones se vuelve complicado y a veces hasta contradictorio de parte de los padres porque, por un lado, empiezan a decirle al niño mayor que cuide a su hermanito, pero después resulta que se pasa el tiempo diciéndoles todo lo que el chiquito está haciendo.

En la medida en que el niño va creciendo y va teniendo claros los criterios que aplican para edades previas, aunado a que los padres vayan generando comportamientos congruentes, normalmente va a ir aprendiendo a hacerlo bien.

Sin embargo, hay ciertas edades o etapas de la vida en la que esta situación se presenta muy recrudecida y aquí es el momento donde los padres deben tomar medidas para manejarlo. Muchas veces se da en el grande de la casa por el papel que suelen adjudicarle los padres; si es así, tienen que empezar a liberarlo de la responsabilidad y dejarle en claro que es su hermano el que se llevará la consecuencia, no él. Si habían venido regañando al grande por la conducta que cometía el chico, es hora de dejar de hacerlo.

También es frecuente que lo hagan niños muy regañados porque suelen ser los traviesos y acusar a los demás tiene como intención hacer notar que hay otros que también se equivocan como él; digamos que *"si no puedo ser como ellos te enseño a ti que ellos también son como yo"*, y eso no lo hace ser tan mal niño y, por lo tanto, es digno de cariño y aceptación.

En casos como el anterior, tienen que revisar bien qué está pasando y buscar momentos en los que compartan con él para que no tenga que recurrir a estos mecanismos.

En otras ocasiones se trata del típico niño *sándwich*, el de en medio, que está tratando de tener un papel dentro de la familia, ya que el grande es el que sabe del funcionamiento de la familia y con el que se inauguran muchas de las experiencias familiares, mientras que el chico es el que causa gracia y demás propiedades de ese papel. El de en medio, en cambio, no tiene muy claro cuál es su aportación, así que busca evidenciar a los demás, y hacer públicas las cosas que están pasando puede ser un espacio de oportunidad.

Cuando un hermano, el que sea, viene a reportar un hecho que amerita la intervención de los padres, es importante que se le agradezca, pero también que no se le permita ser testigo de la manera en la que resolverán el asunto.

Una vez que los padres intervienen deben asegurarse de que el hermano acusador entiende bien por qué fue importante que avisara y qué fue en realidad lo que previno, para que no crea que el "placer morboso" que pudo experimentar porque se regañó a su hermano se queda como el motivador principal.

Cuando acusar a los hermanos es una conducta que ya se volvió problema, se habla con el niño acusador y se le dice que cada vez que venga a dar un reporte que no lo ameritaba, él pagará la misma consecuencia que el hermano. La mayoría de las veces esta frase desalienta cualquier gratificación por ver al hermano regañado por los padres.

Si por alguna mala coincidencia, mientras los padres están tratando de desaparecer este mal hábito de conducta de un hijo, el acusador dejara de avisar sobre una conducta peligrosa o inadecuada de alguno de sus hermanos, es muy importante que no digan nada, por lo menos en el momento en el que están alterados o sorprendidos por lo que está pasando. Finalmente, la responsabilidad de supervisión sobre los hijos es de los padres, no de los hermanos.

Recuerden

✦ Con frecuencia la rivalidad que se genera entre hermanos es resultado de la ingenua manera en la que los papás suelen intervenir en sus conflictos.

✦ Los padres son la recompensa que sus hijos esperan, por lo que no deben actuar como jueces.

✦ Dejen en claro, con su intervención, que la prioridad es la relación entre ellos, no quién tiene la razón.

✦ Cuando en el conflicto esté de por medio un objeto, retírenlo.

✦ Cuando los hermanos están discutiendo, sepárenlos si no saben cómo detenerse o si hubo una agresión de cualquier tipo.

✦ La conversación se tiene después de resuelto el conflicto y se interviene sólo para dar lugar a que vayan creando sus propios acuerdos.

+ Tengan cuidado con el poder que adquiere el chiquito de la casa.
+ Hay diferentes maneras de defenderse y cada quién tiene que encontrar la propia.
+ La agresión no debe de permitirse o avalarse como forma de defensa.

DIECISÉIS
LA ESCUELA Y LOS PADRES

Un matrimonio mal avenido

La relación de los padres con la escuela resultará fundamental. Con frecuencia se habla de que ambos, papá y mamá, necesitan aprender a trabajar en conjunto por el bien del niño, sin embargo, a menudo unos y otros mantienen una relación conflictiva llena de desaprobaciones mutuas. Dada la importancia que tienen los dos en la formación del niño, después de la pareja, la escuela es el lugar al que los padres se ven en la necesidad de ceder autoridad y capacidad para tomar decisiones sobre sus hijos.

En mi experiencia, creo que el problema fundamental radica en la confusión de papeles, la falta de conciencia clara sobre el impacto real que tienen en la vida de los niños y, sobre todo, en el alcance del aprendizaje que pueden ofrecer a un niño desde sus diferentes áreas a la hora de tomar decisiones tanto padres de familia como maestros.

Toda la confusión a la que hacía referencia al inicio con respecto al impacto que han tenido en la visión del niño las teorías psicopedagógicas, así como las nuevas propuestas a las que se han visto obligadas las diferentes instituciones educativas al tener que hacer ofrecimientos con una visión integral del infante, ha dado lugar a la generación de terrenos frente a los cuales el niño parece quedar perdido en el camino.

Por una parte, la escuela solicita a los padres que hagan algo con ciertas conductas del niño y, a su vez, los padres responsabilizan a la escuela de lo mismo.

Hoy por hoy no sólo está en crisis el matrimonio, también lo está la relación entre la escuela y la casa.

Revisemos el siguiente cuadro:

CASA	ESCUELA	SOCIEDAD
Adquirió la obligación moral de ofrecer afecto, aceptación y pertenencia de manera incondicional	Tiene la obligación de favorecer ambientes que den lugar al afecto, aceptación y pertenencia de manera condicionada	El afecto, la aceptación y la pertenencia son resultado del esfuerzo de la persona
Es responsable de la formación humana y moral de la persona	Es responsable de la formación académica en un ambiente que permite la práctica de los valores morales	Es responsable de hacer que se guarde el orden
Brinda la experiencia de la individualidad	Brinda la experiencia de lo colectivo	Privilegia a la colectividad
Basa sus decisiones en el valor de la justicia	Basa sus decisiones en el valor de la justicia pero sobre todo en el bien común	Basa sus decisiones en el bien común y el orden

Los seres humanos buscamos en todo momento tener cubiertas tres necesidades básicas: afecto, aceptación y pertenencia. No importa de qué tipo de contexto se trate, nos sentiremos cómodos en la medida en que estas necesidades se encuentren satisfechas en proporción a lo que una situación puede ofrecernos.

No es lo mismo el nivel de pertenencia que una persona busca sentir en un supermercado que el que espera de su familia, sin embargo también en el supermercado espera que mientras su comportamiento sea el indicado pueda sentirse reconocida como alguien que puede recibir el servicio de ese lugar.

El único ambiente que debería de ofrecernos a los humanos estas tres condiciones, de manera incondicional, es la familia de origen. El compromiso moral que se adquiere con la paternidad no da lugar a posturas en las que se pueda desconocer a un hijo, sin importar la situación en la que se encuentre o su comportamiento. Esto no implica que no se pueda educar o poner límites; las relaciones pueden ser cercanas o distantes, pero mientras haya disposición por parte de los hijos, los padres no deberán cerrar las puertas.

La escuela, por su parte, ofrece un espacio que favorece un ambiente para que puedan darse estas tres condiciones, pero lo hace de manera condicionada. Desde el momento en el que establece tiempos específicos para el servicio que ofrece, la posibilidad de ser miembro de esa institución se encuentra condicionada.

Un niño sólo podrá pertenecer a determinado colegio mientras curse las etapas que éste cubre. No podrá ingresar antes de lo que tiene estipulado ni permanecer después de haber cubierto determinado ciclo escolar.

Sin embargo, no sólo condiciona en este sentido a los niños, también lo hace a través de su propia reglamentación. Hay que presentar ciertos comportamientos, niveles de rendimiento e incluso la posibilidad de poder pagar determinadas cuotas cuando se trata de una escuela particular.

Por otra parte, la escuela también es un espacio que favorecerá ciertos niveles básicos de afecto, aceptación y pertenencia, pero la medida en la que el niño logra potencializar sus experiencias en cada una de estas condiciones dependerá de lo que él haga para ganarlo. Por lo tanto, la escuela les asegura a los padres que su hijo será tratado cordialmente, tendrá derecho a ocupar un espacio dentro de alguno de los grupos y podrá ser su alumno siempre y cuando cumpla con lo que se espera de él; pero ¿qué tan querido será?, ¿cuántos amigos tendrá?, ¿cuánto se enriquecerá de su experiencia en la institución? Eso ya será resultado de los comportamientos y habilidades que desarrolle para ganárselo.

En este sentido, la escuela cubre un papel importante en la vida de los alumnos. Por una parte favorece el ambiente, pero por la otra lo expone a un contexto en el que el niño tiene que volverse una persona más proactiva en la satisfacción de sus necesidades básicas. La escuela lo pone en movimiento para lo que será en un futuro su adaptación en la sociedad.

En su paso a la sociedad, la persona ya no encontrará a nadie preocupado por favorecerle ambientes que lo acojan. Aquí se espera que la persona tenga ya desarrolladas las habilidades necesarias para lograr un funcionamiento adecuado del que dependerá a su vez su éxito en situaciones incluso de impacto en su vida personal. De este contexto surge con quién se hace pareja para formar o no una familia, el trabajo, los amigos, etcétera. En lo que llamamos "sociedad" el niño tendrá que trabajar para obtener el afecto, la aceptación y la pertenencia.

La familia y particularmente los padres son los responsables directos de dar la formación humana y moral de sus hijos, aunque de ellos depende también ofrecer la formación académica, esto lo hacen de manera indirecta, ya que se vuelve necesario contratar los servicios de otra instancia, la escuela, que lo hará por ellos por ser quien tiene la preparación profesional para hacerlo de la manera indicada.

Es por esto que aunque hoy las escuelas ofrezcan una educación más integral y dentro de la misión que desarrollan como institución apoyen el fortalecimiento de valores morales, son los padres quienes tienen el peso de esta responsabilidad porque son ellos los que eligen la escuela que respalda aquellos elementos de la formación que quieren para sus hijos. Siendo así, la escuela no puede ni debe perder de vista que su objetivo fundamental es la formación académica de sus alumnos y que, en todo caso, el clima en donde se lleva a cabo podrá verse acompañado de determinados principios o fundamentos morales.

Visto de esta manera, la escuela es un puente entre la casa y la sociedad. La sociedad, por su parte, asume que recibirá personas productivas que le permitan mantener el correcto funcionamiento del sistema.

Para poder cumplir con la función que le corresponde a cada instancia, y repito de una manera muy sencilla, cada una tiende a colocarse dentro de cierta postura que dé lugar a lograr el resultado esperado.

Desde la casa se favorecerá la individualidad de los miembros. Tan es así, que los padres tienen la responsabilidad de darle a cada uno de sus hijos lo que requieren para su correcto desenvolvimiento, pero también para la satisfacción de sus necesidades personales a todos los niveles. Es por esto que los padres se preocuparán por ser personas justas con sus hijos.

Si unos padres están al pendiente de sus hijos, irán decidiendo lo que requiere cada uno de ellos, de la misma manera que le dan antibióticos o llevan al médico sólo al niño que está enfermo. Cuando a un hijo se le proporciona lo que necesita se le hace sentir especial, digno de ser amado y respetado.

Es en el ambiente escolar en donde un chico descubre que es un individuo pero que no es el único, y que desde ese recinto se le abre una gama inmensa de nuevas experiencias que lo llevarán al desarrollo de habilidades que le permitirán un funcionamiento adaptativo en su vida adulta. La escuela, como institución, deberá privilegiar el bien común cuando tenga que estar frente a una decisión en la que hacer justicia no sea posible. Esto es lo que dará lugar a una de las diferencias más importantes a manejar entre padres de familia y el personal directivo de las escuelas.

En el ámbito de la sociedad, las decisiones privilegiarán el mantenimiento del orden y la satisfacción de las necesidades individuales acabarán quedando más lejos todavía.

Revisemos un ejemplo: si Mauricio avienta una piedra a su hermano Pablo y le pega en la cabeza, los padres pueden intervenir, regañarlo y ponerle un castigo que podrá ir desde que no vea su programa de televisión favorito hasta dejar de andar en bicicleta, pero si Mauricio avienta una piedra y le pega en la cabeza a un compañero en la escuela, es posible que lo expulsen un par de días. Ahora bien, si Mauricio avienta una piedra en la calle y golpea a alguien que va pasando, es posible que la policía intervenga, se lo lleven, llamen a los padres y haya algún tipo de multa. Dependiendo de la edad del chico, incluso se podría cuestionar por qué estaba sin supervisión y se pondría en problemas a la familia.

En el ejemplo anterior la conducta es la misma, sin embargo las consecuencias van cobrando repercusiones más importantes para Mauricio, según en el ámbito que se encuentre.

Supongamos por un instante que en la situación planteada en casa los padres "expulsaran" al niño de su hogar o que en el caso de la escuela llamaran a los padres y les dijeran que fueran a recoger a su hijo a la delegación. Suena absurdo, ¿verdad?

Por lo tanto, la escuela y la casa tenderán a estar en desacuerdo por la manera en que las decisiones se toman en cada lugar con respecto a la conducta del niño, simplemente porque ambas (casa y escuela) están paradas en plataformas distintas. Así, los padres pretenderán que se busque siempre hacer justicia a su hijo por encima de cualquier cosa y la escuela tiene que cuidar el impacto a la colectividad de la institución.

El desacuerdo no debe de sorprender a los padres, lo que aquí importa es que puedan entender, como padres, que al cederle autoridad a la escuela para que tome decisiones sobre las repercusiones para su hijo por su conducta benefician más al niño si le permiten experimentar lo que sucede para que vaya aprendiendo que si buscan a toda costa hacer justicia, porque entonces la pregunta es ¿desde qué contexto?

Las diferentes decisiones tomadas desde los distintos contextos pueden ser justas si fue ahí en donde la falta se cometió. Por lo tanto, el niño debe aprender a saber que las consecuencias no siempre tendrán su explicación únicamente por su conducta, sino que también se verán influenciadas por el contexto en el que se presentó y por el impacto que esto puede generar.

La suma de las experiencias en casa y en la vida académica darán por resultado al adulto que deberá funcionar en los 60 años que le esperan y, por lo tanto, la pregunta es:

¿Qué niños le estamos dejando al mundo?

RECUERDEN

✦ La escuela es el espacio al que le ceden autoridad y capacidad para tomar decisiones en la vida de su hijo.

✦ Los seres humanos, a lo largo de la vida, buscaremos satisfacer nuestra necesidad de afecto, aceptación y pertenencia. La casa debe darlas de manera incondicional y la escuela de forma condicionada.

✦ La escuela es el puente que ayuda a pasar al niño de la seguridad y protección de su casa a la sociedad, a partir de brindarle experiencias desde lo colectivo en la búsqueda del bien común.

✦ Es la familia del niño quien tiene la responsabilidad de su formación humana y moral, mientras que la escuela tiene la responsabilidad de su formación académica.

✦ En casa el niño experimenta la importancia de sí mismo como individuo, mientras que en la escuela aprende a ser parte de un grupo y las responsabilidades que de ahí se derivan.

✦ Casa y escuela se complementan y hacen del niño un ser completo.

ANEXO

Esta segunda edición se hizo necesaria a partir de la cantidad de preguntas que llegaban a través de mi colaboración en "Pregúntale a Chayo", dentro del programa de radio *Hoy con Mariano Osorio* en Joya 93.7 FM en la Ciudad de México, y posteriormente en el programa *Chayo Contigo*, que tengo la fortuna de conducir de lunes a viernes a la una de la tarde por la misma estación, preguntas que por su cantidad y particularmente por su reincidencia me hicieron caer en cuenta de que la primera edición estaba muy lejos de dar respuesta a todo lo que los padres, abuelos y educadores en general se cuestionaban.

Después de una revisión cuidadosa de la primera edición, concluí que valía la pena dejar los capítulos intactos y agregar este anexo revisando con detenimiento los temas sobre los cuales recurrentemente recibía preguntas. Así que cada uno de los temas con los que te encontrarás a partir de este momento busca ofrecer una guía u orientación a esos cuestionamientos.

Para hacerlos más comprensibles, cada tema intenta seguir un poco con la lógica de la primera edición, así que hay algo de contexto teórico y sugerencias más específicas, esperando que de esa manera puedas darle un mejor sentido.

Una última observación antes de continuar: éste no es un libro sobre el desarrollo de los niños, es una guía para acompañar a los padres en el proceso de educar, por lo que los diferentes temas que se abordarán estarán en concordancia con el propósito del mismo.

Alimentación

La preocupación de todo padre de familia es que sus hijos coman bien y esto, más allá de lo evidente, tiene una implicación simbólica que hace referencia a ser un buen padre o madre de familia. Cuando alguien estuvo transitando por una mala etapa durante la adolescencia, quién no escuchó decir a los padres: "¿Qué le vas a dar de comer a tus hijos?", cuando temían que su hijo no iba por buen camino.

Alimentar adecuadamente a un hijo se convierte entonces es un termómetro que permite medir qué calidad de padres somos, razón por la cual, cuando un niño no come bien, se activa ansiedad en los padres y de inmediato se cuestionan qué están haciendo mal.

A comer, se enseña. Tanto a bien comer como a mal comer. Pero a diferencia de otros comportamientos que se desean inculcar, aquí se cuenta con una ventaja: el apetito. Cuando papá y mamá aprenden a hacerse aliados del hambre logran tener éxito.

Aquí aparece uno de los pensamientos que nos llevan a equivocarnos "con tal de..."; es decir, al considerar la alimentación como un factor importante de la vida —y lo es—, con frecuencia papá y mamá comienzan a enredar el camino, "con tal de que coma" lo persiguen por toda la casa con la cuchara en la mano, "con tal de que coma" le prenden la tele, "con tal de que coma" le dan sólo lo que le gusta y un muy largo etcétera. Éste es el comienzo de un proceso que no terminará bien, además de lastimar la armonía en la relación entre padres e hijos, y eso sin considerar que si papá y mamá tienen diferentes posturas frente a este tema terminen en largas discusiones de pareja.

"Mi hijo es remilgoso"

Como ya mencioné antes, a comer se enseña. Hoy en día los padres suelen actuar como si su hijo hubiera nacido *terminado*, es decir, con sus gustos y carácter definidos y en donde ya no hay nada que hacer más que *respetarlo*. Si esto fuera así, no tendría sentido hablar de educación.

Cuando un niño nace no tiene puntos de referencia con respecto a casi nada, por lo tanto es una personita con una gran capacidad de aprendizaje. Gracias a su apetito, el bebé toma la leche que le dan y se va familiarizando con ella a lo largo de su crecimiento a menos de que pudiera causarle algún daño; de lo contrario toma leche. Cuando el pediatra comienza a sugerir introducir alimentos, suele haber una regla por excelencia: dale primero el alimento nuevo porque si toma la leche va a rechazar el otro. ¿Esto significa que lo que le quieres dar no le gustó? No, sólo significa que ese alimento no sabe a leche y por lo tanto lo desconoce.

Las papilas gustativas que permiten distinguir los sabores se educan. Pero para eso tienen que exponerse al nuevo sabor de forma repetida para ir logrando reconocerlo y poder agregarlo al repertorio de alimentos conocidos; así pasó con la leche.

Cuando usamos el apetito a nuestro favor, ofrecemos el alimento nuevo primero porque el hambre que siente lo volverá más dispuesto a comer aunque desconozca ese sabor, y posteriormente ofrecemos el que ya domina: su leche.

Cuando los padres interpretan mal los gestos del bebé o su renuencia a comer como "no le gustó", renuncian a seguir intentando y este pequeñito crecerá con muy pocos alimentos incorporados a su dieta, concluyendo los padres que su hijo es remilgoso, cuando en realidad lo hicieron remilgoso.

Las raciones

Sin duda hay niños con más apetito y otros con menos apetito; ahí la clave es la ración. Los niños pueden comer poco o mucho, pero de todo. Sin duda también tendrán alimentos favoritos y otros que no lo sean tanto, pero aprenden a comer de todo.

Si consideras que tu hijo sólo debe comer lo que le encanta, tendrás problemas. En la alimentación, como en todo lo demás, podemos aplicar la idea de la excitación *versus* el malestar del que hemos hablado desde el principio del libro. Recuerda que hay lo que nos encanta, lo que solamente nos gusta y lo que no; pero ésa no es razón para que no lo coma.

Esto quiere decir que si a tu hijo no le gustan los ejotes, en realidad es muy probable que lo que te quiere decir es que no saben a papás fritas o a milanesa.

Sugerencia:

Establece tus mínimos y máximos en las raciones de acuerdo a la edad de tus hijos y a lo que ellos mismos te han mostrado que son capaces de comer, y para esto vas a tener que observar a cada uno porque no todos tus hijos comen las mismas cantidades.

Por ejemplo, en una familia puede estipularse que lo mínimo a comer de cualquier alimento son tres cucharadas o tres trozos pequeños, y el máximo, repetir el alimento en la misma porción que se sirvió la primera vez. Los primeros años de vida vas a iniciar por incorporar el alimento nuevo en sus raciones mínimas y posteriormente le darás el alimento que le gusta. Esto ayudará a saber que si no come lo primero no obtendrá lo segundo; usamos el apetito a favor por el esfuerzo que le puede implicar lo que no desea comer y la motivación de su propio gusto por el segundo plato para no resistirse demasiado.

Rompiendo malos hábitos

Si tu hijo ya tiene implementado el mal hábito con respecto a los alimentos, sin duda alguna vas a batallar un poco para lograrlo. Para esto te sugiero que establezcas un día de la semana para incorporar en su dieta alimentos nuevos; empieza por los alimentos que ya conoce pero que le has permitido rechazar. Explícale la nueva regla de las raciones mínimas y máximas y comienza por este alimento.

Para facilitar la situación, prepara para esa misma comida el alimento que más le gusta, de tal forma que le sirva de motivación para hacer el esfuerzo de comer lo que no desea.

Es importante que estés consciente de que al haberlo dejado crecer creyendo que puede no comer lo que "no le gusta" va a resistirse, y es posible que haya una batalla campal en la que se enoje, se resista, llore y esté dispuesto incluso a no comer. Si esto sucede, le retiras el plato y le avisas que no habrá alimentos durante la tarde y en la noche tendrá que cenar el alimento que motivó el conflicto antes de poder pedir lo que desee.

Como toda consecuencia, es importante que supervises que no comerá nada entre comidas y que tolere pasar un mal rato, porque estamos invirtiendo en un aprendizaje nuevo, que además no sería necesario si hubiéramos educado correctamente desde el inicio.

Por último, no dejes pasar mucho tiempo entre ese alimento que deseas incorporar a su dieta y la próxima vez que se lo presentas. Yo suelo sugerir que lo intercales con otro alimento durante un tiempo, por ejemplo, decidiste que los martes es el día para llevar a cabo este procedimiento y lo inicias con jitomate, el próximo martes lo haces con calabazas, el siguiente martes repites el jitomate y al siguiente nuevamente las calabazas. Cuando uno de esos alimentos ya no genere resistencia, empiezas a introducirlo como parte de la dieta de cualquier día y lo sustituyes el martes por otro alimento que quieres que se vaya incorporando. Idealmente tu hijo deberá haber comido un nuevo alimento alrededor de 10 veces en seis meses. Es entonces cuando sabrás si en verdad le gusta o no, siempre recordando que si no le gusta no es razón para no comerlo, en todo caso lo hará en su ración mínima.

Los alimentos, más allá de su importancia nutricional, son un espacio de convivencia e interacción social en donde los niños aprender a practicar su capacidad adaptativa al tener que lidiar con malestares de los que hemos hablado a lo largo de este libro.

Educando el sueño

En relación con el sueño hay dos situaciones distintas que deben de ser educadas:

1. Dormir
2. Los hábitos alrededor de la hora de dormir

En cuanto a la primera, los niños duermen una cantidad de horas que va a depender de su edad. La mayoría de los bebés empieza con horarios nocturnos y diurnos. En la medida en la que crecen van a ir disminuyendo las horas de sueño durante el día para terminar por quedarse sólo con la necesidad de dormir por la noche.

Una siesta durante el día puede ser parte aún de la vida de niños entre los tres y cinco años, y normalmente es después de la escuela o al terminar de comer. No es un problema, a menos que comience a afectar el horario de la noche y esto desequilibre los tiempos de sueño y termine por desajustar al niño en todos los sentidos.

Cuando esto sucede hay que establecer el tiempo de siesta y después de eso despertarlo o, en algunos casos, incluso no permitir siesta para que el niño duerma en el horario establecido para ellos (alrededor de las 7:30 u 8 pm).

Existe un reloj biológico que marca los horarios en los que las personas sentimos ganas de dormir o estamos alertas; sin embargo este reloj puede ser alterado si no se mantiene un orden y un buen manejo de los hábitos, de tal manera que termina teniendo un impacto en la vida de los pequeños. Es cierto que un niño puede mantenerse despierto hasta altas horas de la noche, pero con seguridad estará irritable y malhumorado al día siguiente.

Así como para educar la alimentación se cuenta con el apetito para ayudar en el proceso, para educar el sueño existe el reloj biológico, siempre y cuando los padres lo sepan utilizar a su favor.

Se dice con frecuencia que la hora cero es aquella en la que los padres empiezan a lidiar con el inicio de una rutina que normalmente implica detener la última actividad del día para cenar, bañarse, poner la piyama e irse a la cama.

Hay que tomar en consideración que "irse a la cama" y "dormirse" son dos cosas distintas, pero se requiere de la primera para dar lugar a la segunda. Los padres sólo tienen control sobre la hora en la que los hijos deben irse a la cama, pero no del momento en el que se logra conciliar el sueño. Y es aquí cuando los hábitos adquieren particular importancia.

- Establece la hora de ir a la cama.
- Cuando se inicie la rutina que antecede la hora de acostarse, hay que prender lámparas y apagar luces intensas, modular el volumen tanto de los aparatos que se encuentren encendidos como el tono de voz de quien se está encargando de hacer el seguimiento de estas actividades.
- Cinco minutos antes asegúrate de que vaya al baño, tome agua o cualquier otra de las razones que al ya estar acostado utiliza como pretexto para evitar dormirse.
- Acostúmbralo a acostarse desde el inicio en su cama. Este ejercicio cotidiano le enseña a conciliar el sueño en su propio espacio, de tal manera que cuando llega a despertarse durante la noche, conoce bien el ambiente en el que está y logrará volver a dormirse sin necesidad de ayuda externa.
- Acompáñalo a la cama y lleva a cabo lo que acostumbren antes de quedar en silencio, ya sea rezar, contar un cuento, etcétera.
- Una vez que se guarda silencio, no se responde a ningún intento de conversación y esperas a que concilie el sueño o te sales de su cuarto.
- Si el niño intenta interactuar recurre con calma y quedito a decir "shhhhhh"; si al salirte se levanta y sale del cuarto en silencio lo tomas de la mano y lo acompañas a la cama nuevamente, haciendo lo mismo.

- Es importante evitar regañar, alterarse o engancharse frente al enojo que genera su resistencia. Recuerda que aunque no tenga sueño, el espacio de silencio y mantenerse sin hacer nada genera aburrimiento y éste da lugar al sueño.

Es un error pensar que los niños deben irse a la cama hasta que sienten sueño. Cuando éste no aparece espontáneamente, se induce a partir de la tranquilidad, el aburrimiento y la falta de actividad. Al realizar la rutina diariamente el reloj biológico se va ajustando hasta que el chico comienza a mostrar sueño de forma espontánea a la misma hora todos los días.

Cada uno en su lugar

Antes de continuar es importante entender que dormir en un espacio distinto al de los padres es una de las primeras actividades que sirven, más allá del descanso y dar privacidad al espacio de los adultos, a enseñar a los niños a ir ganando seguridad personal. Es decir, ocupar diferentes espacios, poner distancia física de los padres, no es sinónimo de perderlos, ser abandonado o quedarse solo.

El niño va constatando que a pesar de dormir en otro cuarto, cuando requiere apoyo y atención sus padres atienden su necesidad: no se requiere de la compañía para contar con el cariño y disposición de sus padres.

Una vez que hacemos consciente este proceso y el impacto en su formación, podemos pasar a la parte práctica de la situación. Alrededor de los tres meses (si sucede antes no es ningún problema) se sugiere que el bebé duerma en su propio cuarto (acompañado o no por hermanos). Si presenta algún tipo de inconformidad sólo será cuestión de que alguno de los padres permanezca unos minutos dentro de la habitación en espera de que el bebé concilie el sueño mientras se va familiarizando con el espacio físico.

Es importante aclarar que hay familias con diferentes costumbres respecto al sueño y que ninguna es errónea. Puede haberse acostumbrado recostar al bebé en la cuna y dejarlo solo para que duerma, o puede haber quienes permanecen acompañándolo hasta que se duerme. Lo importante es que al pasar al pequeñito a su propio espacio se continúe con la costumbre, y de esta manera no se modifican los hábitos establecidos, sólo cambia de habitación.

Idealmente, enseñarles desde bebés a quedarse dormidos en su cuna es mejor que hacerlos dependientes de los brazos para lograrlo y posteriormente pasarlos a su cuna. Con esto vamos trabajando su autonomía prácticamente desde que nacen.

Una observación importante: si has hecho las cosas adecuadamente y tu bebé llora mucho y tiene problemas de sueño hay que buscar al pediatra, porque puede haber problemas, como el reflujo, que deben ser atendidos por el especialista, o puede ser un síntoma, más que el resultado de un mal hábito en su educación.

"Mi hijo es mañoso"

A menos de que exista alguna cuestión médica de por medio, normalmente los papás van conociendo las necesidades de sueño de su hijo y este tema no se convierte en un problema.

Cuando el tema de dormir se vuelve un problema es porque desarrollamos malos hábitos al respecto. A lo largo del libro hemos hablado de la importancia de que nuestros hijos aprendan a desarrollar un amplio repertorio de comportamientos que les ayuden a enfrentar las situaciones de vida que se les vaya presentando. Si mi hijo *sólo* lo logra ante condiciones muy específicas, lo estamos mal acostumbrando y por lo tanto terminamos atrapados ante circunstancias muy restringidas. Por ejemplo, bebés que sólo duermen si están en brazos, o sólo si se les mece, o sólo si lo hacen en la cama de los papás, o sólo si están acompañados, o como en casos extremos, *hasta* que lo subo al coche y salgo a dar la vuelta.

En todas estas condiciones los padres o quien se encarga de estar con él o ella son quienes los van volviendo mañosos. Los bebés nacen con la capacidad natural para adaptarse a las circunstancias; el problema es que nosotros toleramos poco las incomodidades que pueden llegar a presentar en lo que logran conciliar el sueño.

Es importante aclarar que cuando van ganando edad, es posible que los pequeñitos quieran dormir con lo que los psicólogos llamamos *objeto de transición*, que puede ser una manta, un peluche o alguna clase de objeto. Esto no debe de prohibirse (a excepción de cuando es un objeto peligroso) porque cumple una función transitoria en la que el niño aprende a estar sin los padres mientras gana autonomía y seguridad personal. En la medida en la que pasan los años, dicho objeto va saliendo de la cama y sólo permanece en la vida del niño como algo a lo que le tiene especial cariño. Es frecuente también que ese objeto no acompañe sólo la hora del sueño, sino otras actividades, y lo irán dejando de lado de forma natural con el paso del tiempo.

Esa cama es para adultos

Ésta suele ser una de las problemáticas más frecuentes: acostumbrarse a dormir en la cama de los padres (o de alguno de los dos). Generalmente inicia después de que el niño ya había aprendido a dormir en su cama y se presenta alguna circunstancia que le "muestra" que es posible dormir en esa "otra" cama. Lo que con más frecuencia da lugar a esto es una enfermedad que requiere ser supervisada por los padres, haber tenido que ceder su cama para alguna visita, que inicie la etapa de los miedos (tema del que hablaremos más adelante), haber realizado un viaje y se durmió con ellos, etcétera.

Por lo general los padres de familia saben que no está bien que su hijo esté durmiendo en su cama; en mi experiencia lo confiesan con pena aunque buscan una justificación para explicar por qué llegaron a esa situación, y muchos también reconocen que les gusta que eso esté sucediendo porque lo disfrutan. Y aun cuando suene repetitiva es importante reiterarlo: que el niño duerma en la cama de los padres impacta en la relación de pareja y habría que cuestionarse al respecto. En los casos en los que los niños viven con un solo padre de cualquier manera están ocupando un espacio que tendría que ser para otro adulto, es decir, no les corresponde. *La cama en donde duermen papá y mamá es para adultos.*

A la mayoría de los niños le gusta estar en compañía de sus padres. Ellos representan seguridad, protección, amor, entre muchas otras necesidades afectivas y por lo tanto desean estar con ellos. Es por esto que cuando descubren que esa posibilidad existe, van a expresar su deseo por dormir en la misma cama con ellos.

Más allá del impacto que genera en la vida de pareja que alguno de los niños duerma en su cama, está también la dependencia que se genera en los niños, que lejos de ir desarrollando las habilidades que les permiten aprender a sentirse seguros a pesar de la "distancia" física de los padres, crecen creyendo que el único lugar seguro es la cama de papá y mamá. No dormir con ellos los va obligando a lidiar con el silencio, la soledad, sus propios pensamientos e incluso sus propios miedos y descubrir que "no pasa nada".

El elemento más importante desde mi punto de vista es que dormir en su propio cuarto les ayuda a ir manejando la *ansiedad de separación*. Todas las personas vamos aprendiendo a vivir con esta experiencia, algunos lo muestran con mayor intensidad y otras con menor, pero lo cierto es que la amenaza de la posible pérdida de alguien emocionalmente significativo en la vida se hace presente continuamente.

La ansiedad de separación se presenta cuando un pequeñito se ve en manos de alguien que le resulta desconocido, cuando desea que los padres no se vayan, cuando se entra a la escuela por primera vez, etc. Es decir, aparece cuando nos sentimos amenazados por la separación de una figura en específico. Todos la hemos experimentado y se mantiene presente a lo largo de la vida, pero aprendemos a manejarla.

Irse a dormir y hacerlo en su propia cama en lugar de la habitación o cama de los padres puede resultar inquietante para un niño y es importante que los padres sepan manejarlo. Los niños presentan diferentes niveles de resistencia, pero pueden aprender a lidiar con esto si los padres no interfieren en el proceso dejándose llevar por la tentación de permitir que el niño se quede en su cama "sólo por hoy", que por supuesto nada más dificulta el manejo los siguientes días, hasta que cuando menos cuenta se dan ya tienen a la criatura instalada definitivamente.

No está por demás reiterar que en muchas ocasiones no es sólo el niño el que presenta ansiedad, también los padres la viven y por lo tanto la tentación de ceder aumenta.

Sugerencias para evitar el problema:

Si va a ser necesario que tu hijo duerma en tu cama, no des por obvio lo que para un niño no lo es, y expresa en palabras claras la razón por la que esto va a suceder, así como las señales de que está en condiciones de regresar a su cama.

Por ejemplo: "Tienes mucha gripa y puede subirte la temperatura, por lo que es necesario que estés cerca de mí para detectarlo pronto y tomar las medidas necesarias", "Ahora que vengan tus abuelos de visita estarán ocupando tu cuarto, por lo que dormirás con nosotros, pero una vez que se vayan regresarás a tu habitación". En el caso de que la familia salga de viaje y esto los lleve a compartir cuarto, es importante explicarlo para que el niño lo tenga presente.

En el caso de que esta situación dure varios días es importante irle recordando que es temporal y una noche antes especificarle que será la última vez, y que al día siguiente se regresará a lo que tenían acostumbrado.

Es probable que a pesar de la advertencia, llegado el momento de ir a dormir muestre resistencia y ruegue con la común expresión "por última vez, ándale". Si concedes es posible que te expongas a dar lugar a un problema que de otra forma quedaría concluido si te mantienes firme una vez que desaparecieron las condiciones que habían llevado a esta situación. Recuerda que siempre es más fácil detener un comportamiento indeseable en el momento que se presenta que cuando se ha visto fortalecido por experiencias repetidas.

Cuando ya está el problema:

Cualquiera que sea la razón por la que el pequeño empezó a dormir en la cama de los padres, es importante iniciar el proceso para independizarlo. Para esto hay que tomar en consideración algunos elementos.

Primero, los adultos deben de prepararse porque las probabilidades de que el niño presente resistencia y que esa resistencia implique mucho llanto son altas. Es por esto que hay que implementar el cambio en un periodo vacacional, en los días cercanos al fin de semana o sólo asumirlo y anticipar que serán días que implicarán cansancio y pasarán un par de malas noches.

- Los padres deben hablar con el niño y explicarle que es importante que empiece a dormir en su propio cuarto, y que eso se llevará a cabo a partir del día X. Puede usarse como referencia su cumpleaños, el inicio de un ciclo escolar o simplemente el hecho de que ya es "grande". Cualquier explicación que se dé no debe de llevar más allá de tres o cuatro minutos sin importar la edad. Si en ese momento presenta alguna resistencia no damos mayor importancia y cambiamos de tema.
- El día anterior a iniciar el cambio se recuerda que es la última noche que dormirá en esa cama, y especialmente con niños pequeños, se puede hacer una celebración de despedida que puede ir acompañada de un dibujo, un pedazo de pastel, una galleta o cualquier cosa que se desee. Platiquen de lo que les gustó por haber compartido ese espacio aun cuando el niño no esté cooperando. Si es un niño mayor esto puede no hacer sentido, y sólo le

recordamos que es la última noche y que fue lindo tenerlo ahí. Es muy importante que esto no lleve más allá de unos minutos.

- Dado que ha estado acostumbrado a dormir en la cama de los padres, es posible que se despierte a media noche y se pase con ellos. Es importante que se le regrese a su cama; si el pequeño coopera, queda a criterio de quien lo acompaña si se espera unos minutos en lo que vuelve a conciliar el sueño, pero si no está cooperando, le recordamos que no pasa nada y que poco a poco se irá acostumbrando.

- Si esto sucede una segunda vez se repite lo mismo, pero al volver al cuarto se cierra la puerta con seguro, de tal manera que no logre entrar. En el mejor de los casos el pequeño se regresará a su cuarto no sin antes haber hecho el intento de lograr que le abran la puerta; en el peor los padres tendrán que hacer uso de toda su paciencia para *no hacer nada* mientras el pequeño se cansa o se queda dormido.

- Si el llanto se prolongara por media hora se puede salir, sin decir palabra alguna, se toma al niño y se le lleva a su cuarto en donde se puede recurrir a algunas palabras que inviten a tranquilizarlo como el tradicional "shhhhhh", acompañado de algunas palmaditas cariñosas y repitiendo en susurro "no pasa nada, tranquilo".

- Si el pequeño terminó por quedarse dormido en la puerta de la recámara, esperan a que el sueño sea profundo, se le carga y se le lleva a su cama. En caso de que despierte se hace lo mismo que en el punto anterior.

- Mientras se encuentran en proceso de restablecimiento del nuevo hábito hay que evitar hacer comentarios

durante el día para no generar un ambiente que favorez-
ca la ansiedad en ambos, padres e hijo.

- Si durante la noche se presentó un cambio positivo lo
felicitamos a la mañana siguiente y le aseguramos que
poco a poco va a lograr hacerlo bien.

Dependiendo del carácter del niño, es posible que ofrezca resistencia algunas noches hasta romper el vicio que se había establecido, razón por la cual se sugiere que los papás se preparen al
iniciar el proceso para romper el círculo vicioso. Iniciar el proceso e interrumpirlo a la mitad sólo hará más difícil la siguiente ocasión en que se desee hacerlo.

Sin importar si el chico se duerme en su propia cama y a
media noche se pasa a la cama de los padres, o si se duerme desde el principio en la cama equivocada, el manejo es el mismo.

¿Difícil? Sin duda, e incluso puede parecer cruel, es por esto
que siempre es menos difícil no permitir que el mal hábito se
establezca a tener que romper con él, tal como lo hablamos en
el capítulo diez.

*Un punto a considerar (y que, dicho sea de paso, aplica para
el sueño, la comida, enuresis o cualquier mal comportamiento)*

Existen ocasiones en las que cuando se ha estado intentando
corregir de forma errada el problema del sueño y se ha con-
vertido a su vez en un tema que ocupa mucho espacio en la
relación con el niño, se sugiere primero abandonar el tema y
dejarlo permanecer como está durante un tiempo para limpiar
el clima que se ha generado alrededor de la problemática antes
de decidirse por iniciar el trabajo para quitar el mal hábito.

Me explico, cuando a lo largo del día se aprovecha cualquier oportunidad para recordarle e incluso condicionarle algo en función de lo que se desea lograr: "Ya puedes comer galletas porque eres una niña grande y por eso hoy dormirás en tu cama, ¿verdad?", cuando hablamos del pequeño en su presencia con alguna persona adulta: "María Julia es muy lista pero no quiere dormir en su cama, ¿tú crees?", o "Quieres postre pero no te quieres dormir en tu cama, te lo doy si prometes dormir en tu cuarto esta noche".

Cuando este tipo de comentarios termina por ocupar mucho tiempo del día en la relación con los niños y genera problemas en la interacción cuando ni siquiera es la hora en la que hay que ejercer esa regla, contamina, y lejos de ayudar dificulta la aplicación. En estos casos primero se deja el tema de lado como si hubiera perdido importancia, de tal forma que cuando los padres estén listos para manejarlo el conflicto ocupe sólo la dimensión que debe tener.

Los miedos

Es un buen momento para hablar de los miedos en los niños, ya que con frecuencia son una de las razones por las que terminan durmiendo en la cama de los padres.

Los miedos por lo general van a tener dos momentos de aparición:

1. Cuando temen a situaciones producto de la fantasía.
2. Cuando temen a situaciones que tienen posibilidades de presentarse, temores reales.

En el primer caso aparecen temores a brujas, monstruos, fantasmas, etcétera. Son producto de su imaginación y especialmente surgen a partir de películas, caricaturas o programas de televisión o, también, por relatos de otros niños.

En el segundo caso los miedos están relacionados con situaciones que pueden suceder, como al ratero o a la muerte, y sobre los que no podemos decirles a los niños que no existen, como sí es el caso de los que surgen de su fantasía.

La presencia de los miedos hace que se tenga que valorar con cuidado el concepto de valentía que les estamos trasmitiendo a los niños. La persona valiente no es la que no siente miedo, por el contrario, es quien a pesar del miedo enfrenta las situaciones y las vence.

Por otro lado es un tema susceptible a la manipulación. Es conmovedor escuchar que un niño tiene miedo, sin embargo, cuando en realidad lo presentan es evidente a simple vista. Cuando aprenden que el miedo les abre las puertas para dormir en la cama de los padres no titubean en usar esa llave.

Tener miedo no es razón para llevarlos a dormir a la cama de los adultos, sin embargo no significa que se les ignore. El propósito de aprender del miedo implica que los padres les ayuden a los hijos a desarrollar herramientas para poder lidiar con él, y para eso se sugieren algunas estrategias:

- Acompañar al niño mientras se tranquiliza y recupera serenidad en su propia habitación, enseñando estrategias de respiración (contar hasta 10 mientras se inhala y nuevamente hasta 10 mientras se exhala; repetirlo varias veces).
- Enseñar al niño que no hay nadie en el closet ni bajo la cama.
- Dejar prendida una luz tenue.
- Permitirle dormir con algún peluche u objeto que le brinde tranquilidad.

- Permitir la puerta abierta.
- Utilizar algún móvil que ayude al niño a centrar su atención en él.
- Pedirle al día siguiente que dibuje lo que teme y hacer que lo rompa o tire a la basura como señal de deshacerse de él, empoderando al niño.
- En el caso del temor a situaciones reales, involucrarlos en las actividades que incluso a los adultos nos ayudan a estar tranquilos: cerrar con llave la puerta, asegurarse de que las ventanas estén cerradas, etcétera.

Tener miedo no es una razón para llevarlo a tu cuarto, pues más allá de lo que ya explicamos anteriormente, estamos enviando un mensaje confuso, ya que le repites que los monstruos no existen pero lo llevas a tu cama, por si acaso. Le dices que no va a pasar nada, que está todo bien cerrado, pero termina en tu cuarto. En la lógica de un niño hay una idea clara: si tan cierto es que no corre peligro, ¿por qué termina en la cama de papá y mamá?

Las herramientas que se brindan le sirven al niño de puente para que logre irse volviendo alguien autosuficiente y deje de ser dependiente de los padres. Cuando termina en la cama de papá y mamá el miedo no se enfrenta, se esfuma y aprende que sólo está seguro con ellos.

Al amanecer en su propia cama día a día comprueba que no pasó nada y que es capaz de lidiar con sus temores.

Momentos para dar un salto

Durante los primeros cinco años de vida se generan muchas etapas de transición en poco tiempo. El niño deberá dejar de comer del pecho materno, deberá dejar el chupón, la mami-la, el pañal, controlar esfínteres, entrar a la guardería o escuela, entre muchas otras situaciones. Sin embargo, dado que este libro está enfocado a aquellas áreas que requieren de un mane-jo específico por parte de los padres para el establecimiento de límites, me voy a enfocar especialmente en las siguientes.

Aprovecho para aclarar que los tiempos en específico en que cada una debe presentarse deberán quedar establecidos por el pediatra de tu hijo, debido a la experiencia que él ya tiene con el historial de desarrollo de tu pequeño. Aquí sólo menciona-ré tiempos estimados y me enfocaré en las estrategias de mane-jo que podrían ayudarte para transitar por cada una de las áreas de la mejor manera posible.

Destete

Más allá de las variantes que haya en relación con la producción de leche por parte de la madre, el aumento de apetito del bebé va dando lugar a que se incorpore paulatinamente el biberón para completar su alimento, con lo cual llega el momento en el que se deja de amamantar.

Entre más tiempo haya pasado el bebé amamantando le pue-de costar más trabajo acostumbrarse a ya no hacerlo. Lo cier-to es que cuando un niño sigue comiendo del pecho materno aun cuando ya camina va a tender a buscarlo durante más tiem-po. Y si además se maneja la estrategia de la libre demanda, es decir, que se le da de comer cada vez que lo pide, la insistencia del chiquito va a permanecer por más tiempo.

Ante esto, únicamente queda que mamá le diga que ya es grande y recordarle que ahora toma en vaso, que no ceda por cansancio y *con tal de* que no siga dando lata, porque esto confunde y sólo refuerza en el niño que hay que insistir para conseguirlo.

Aquí hay que poner especial atención y cuidado en la forma y el tono en el que se le niega el acceso al pecho. Cuando un niño pierde espacios de cercanía y contacto físico con mamá se puede generar un sentimiento de rechazo que se vuelve en realidad el problema.

Mamá debe explicar que está creciendo, que requiere más cantidad de alimento e incluso que le resulta doloroso dado que el niño comienza a tener dientes, pero que nada tiene que ver con el amor que se le tiene. En los momentos en los que el niño busca el pecho hay que mostrar un trato afectuoso para que el vínculo emocional y en particular los sentimientos del pequeño no sean lastimados.

Como en todo, hay que recordar que titubear en el proceso sólo lo hace más difícil.

La mamila

La mamila es un artículo necesario para el consumo de líquidos del bebé, que no tiene posibilidades de controlar la cantidad que es capaz de ingerir. En la medida en la que van pasando los meses, el bebé deberá ir aprendiendo a sostener por sí mismo el biberón, hasta llegar el momento en el que solamente se le entrega y él mismo puede maniobrarlo.

Conforme gana mayor control en sus movimientos (psicomotricidad), así como capacidad para deglutir, el biberón debe dar paso al vaso entrenador (vasos con tapa y con un orificio que suele tener forma horizontal). El paso siguiente será utilizar el vaso sin esa tapa, y es cuando el niño ha desarrollado la capacidad para dominar la inclinación necesaria para poder beber sin derramar el líquido.

Durante este proceso el niño va empezando a utilizar el vaso con los alimentos del día y sólo cuando bebe acostado utiliza el biberón. Y es justo aquí cuando hay que tener cuidado porque la mamila representa comodidad para los niños, pero también para los papás, ya que con ella hay menos posibilidades de que se ensucien, y por lo tanto esto podría prolongarse por tiempo indefinido.

Cuando no hay hermanos pequeños el problema se soluciona de manera simple, aunque no por eso fácil de llevar a cabo: hay que sacar todos los biberones de casa, para que cuando el niño lo pida y particularmente cuando lo haga acompañado de mucho llanto y desesperación, papá y mamá no caigan en la tentación de dárselo *con tal de* que se calle.

Cuando hay hermanos menores que aún lo requieren el problema se vuelve más complicado, porque se necesita la fuerza de voluntad de los padres.

Al igual que con la mayoría de los cambios que se desean implementar en casa con respecto a los niños, y especialmente cuando ellos no desean dicho cambio, hay que explicar en palabras sencillas que esto va a cambiar, a partir de cuándo y sostenerse en la decisión tomada. La explicación dada al niño no basta en sí misma, **no lo vas a convencer**, pero es importante que lo sepa aunque no esté de acuerdo. Lo que en realidad va a permitir el cambio de hábito será la persistencia de los padres.

En resumen, hay que tener paciencia y evitar ridiculizarlo por desear el biberón.

El *chupón*

A diferencia del biberón, el chupón no es necesario, por lo menos para el bebé. Suele utilizarse más por la necesidad de los padres que requieren momentos de tranquilidad, en particular cuando el pequeñín resulta ser un niño más activo en cuanto al llanto se refiere.

Y nuevamente, entre más tiempo se quede en la vida del niño, más difícil será retirarlo. Algunas personas piensan que llegará el momento en el que él mismo va a querer dejarlo, el problema es que en el transcurso de ese tiempo puede afectar de manera importante el crecimiento de los dientes.

¿Cómo se quita? Al igual que el biberón, sacándolos de casa para evitar tropiezos. Si hay hermanos menores que los utilizan, hay que tener especial cuidado por mantenerlos fuera del alcance del niño.

En el mejor de los casos, la sola idea de sentirse *grande* puede ser una motivación suficiente; en el peor tendrán los padres que lidiar con su resistencia que a base de repetición perderá importancia. En otras palabras, paciencia. ¡Ah! Y por supuesto, evitar ridiculizarlo por desearlo.

Quitar el *pañal*

El pañal va perdiendo utilidad normalmente entre los dos y tres años. La mayoría de las veces se quita primero durante el día y posteriormente por la noche. No es una decisión que se debe de tomar sólo porque ya tiene edad, es un entrenamiento que debe iniciarse una vez que se detectan algunas señales en el niño, porque requiere de la madurez fisiológica y de la capacidad del chiquito para relacionar la sensación del cuerpo con la acción.

Algunas de las señales son:

- Empieza a incomodarle el pañal sucio y lo expresa con precisión.
- Hace intentos por quitarse el pañal, aunque de forma torpe.
- Muestra interés espontáneo por imitar la conducta del adulto para ir al baño.
- Ya controla durante el día.
- Amanece seco el pañal.

Es recomendable pasar del pañal al calzón entrenador, el cual facilita que el niño tenga capacidad de maniobrarlo e ir comenzando un proceso que será de ensayo y error. Cuando se fuerza al niño a iniciar antes de estar listo, puede detonarse un largo recorrido de conflictos en donde se establece una guerra de poder entre él y los padres. Hay que estar seguros de iniciar porque regresar al pañal no debe ser una alternativa.

Es importante señalar que esta área de la vida los niños es muy susceptible a servir de síntoma, y así pone en evidencia problemas emocionales o de interacción con las figuras de autoridad. Aunque no siempre una dificultad en el control de esfínteres hace alusión a problemas emocionales o de dinámica familiar, resulta importante tomarlo en consideración.

También es necesario descartar algún problema fisiológico cuando los niños presentan problemas en el control de esfínteres, los cuales pueden ser de dos tipos: enuresis primaria y enuresis secundaria.

La primera se refiere a los niños que no logran el control de esfínteres y la segunda a los que ya lo habían logrado y regresan a perder control tiempo después. Lo más frecuente es cuando la falta de control se presenta en las noches; se dice coloquialmente que siguen mojando la cama. En estos casos hay que poner atención en el manejo de la ansiedad por parte de los niños (siempre habiendo descartado algún problema de tipo fisiológico). Cuando los chicos atraviesan situaciones de estrés durante el día, al dormir lo hacen profundamente, los esfínteres se relajan y el niño no logra detectar la señal que da el cuerpo hasta que están mojados; algunos ni siquiera despiertan, se dan cuenta a la mañana siguiente.

En estos casos hay que evitar que la primera interacción con el niño sea verificar si logró amanecer seco porque esto aumenta la ansiedad y terminamos por dar lugar a un círculo vicioso.

Antes de los cinco años:

- Hay que asegurarse de que vaya al baño antes de dormirse.
- Una vez que los padres van a irse a dormir, se puede llevar al niño al baño nuevamente.
- Si al despertarlo hay evidencia de que mojó la cama, hay que darle la responsabilidad de quitar las sábanas y su ropa para ponerlas en el bote de la ropa sucia.
- Cuando el niño despierta en el momento de sentirse mojado, es importante que coopere en quitarse la ropa mojada y cambiarla por una seca, tanto la personal como la de cama.
- Evitar líquidos una hora antes de irse a dormir.

Después de los cinco años:

- Supervisar que vaya al baño antes de acostarse.
- Tanto si despierta a media noche mojado, como si se percatan de lo sucedido hasta la mañana siguiente, el niño debe de dejar de recibir ayuda por parte de los padres para

restablecer las condiciones adecuadas. Es decir, él debe de quitarse la ropa así como la ropa de cama por sí mismo.

- Entre más edad tiene se le debe de ir involucrando en el lavado de las prendas húmedas (aunque evidentemente sea necesario volver a repetirlo por parte del adulto).

Sugerencias prácticas: mientras dura la enuresis es importante proteger con un plástico el colchón y disponer de una toalla o sábanas que serán utilizadas para sustituir las que moja.

Cuando el problema de la enuresis es durante el día y ya se descartó algún problema fisiológico normalmente se debe a que les da flojera o están tan entretenidos en alguna actividad placentera que ignoran la sensación que generan las ganas de orinar y pierden el control. En estos casos es importante involucrarlos en el aseo necesario, y sumado a esto, no permitir que continúe con la actividad que estaba realizando, como parte de las consecuencias de su conducta. De esta manera aprenden que vale más suspender unos minutos la actividad que perder por completo la posibilidad si se hace del baño.

Entre más grande es el niño, y una vez descartada una explicación fisiológica, más posibilidades hay de que la enuresis sea resultado de problema emocional y por lo tanto hay que recurrir a la ayuda profesional.

La encopresis es la pérdida de control de un niño sobre la popó. Por lo general ocurre durante el día y aunque no tan frecuentemente, lo hacen en espacios raros o poco convencionales como el closet, los zapatos, etc. En estos casos, y después de descartar problemas orgánicos, hay que buscar ayuda profesional, porque hay una base emocional relacionada directamente.

Si solamente es una mancha en su ropa íntima, hay que poner atención a los hábitos de limpieza y a los tiempos que debe llevarse en permanecer en la taza del baño desde el inicio hasta terminar de obrar.

Sin duda, tanto en el caso de la enuresis como la encopresis, la desesperación y enojo de los padres es natural, dado el trabajo que genera su presencia; sin embargo, en la medida en la que hay conficto con el niño las posibilidades de que el problema persista son altas. Hay que evitar la carga emocional, la ridiculización social al respecto y dejarle claro que lo que de ahí se deriva son las consecuencias de sus actos y que está en él poner la atención y el cuidado necesarios.

La guardería, cuarto de bebés, maternal o equivalente

Los pequeños requieren mucho más que el simple cuidado. Durante los primeros cinco años de la vida se dan las bases para el desarrollo de estructuras cerebrales y cognitivas, que serán fundamentales en el desarrollo académico y de funcionamiento general más adelante.

Es frecuente pensar que la guardería, cuarto de bebés (el equivalente en el sistema Montessori) o maternal es sólo para hijos de padre o madre soltera o cuando ambos padres trabajan y que no cuentan con nadie que los cuide, o que siempre que haya quien pueda cuidarlos, ya sea una tía, abuelos, vecinos e incluso un hermano mayor, es mejor. Es decir, estos sistemas son vistos de manera equivocada como una la última alternativa, y con alta frecuencia generan sentimientos de culpa en los padres, pero es un error.

Recurrir a estas instituciones es una buena decisión; como todo habrá que elegir y asegurarse de que el personal que trabaja con los niños cumpla con todos los requisitos correspondientes a la higiene, formación y calidad humana, pues ellos hacen mucho más que sólo cuidarlos.

Una vez aclarado este punto, es importante volver a hacer alusión a la *ansiedad de separación* que ya mencionamos en otros momentos. La relación con las figuras principales del cuidado del niño desde que nace genera una relación de apego (dependencia emocional) que es natural y que acompañará en diferente medida a ambas partes a lo largo de su crecimiento, y que posteriormente la adolescencia pondrá a prueba de forma más contundente.

Momentos como dejar a los pequeños encargados con otro adulto, llevarlo a dormir a su cama o cualquier otra circunstancia en la que hay que generar una separación temporal activa este mecanismo y los pequeñitos suelen mostrar llanto y temor como una forma de reacción.

Sugerencias:

- Exprésale con palabras (sin importar que tenga meses de nacido) lo que va suceder.
- Despídete afectuosamente sin llevarte más allá de un minuto, aun cuando se quede llorando. Hay que recordar que frente a la inminente separación se activa la ansiedad, por lo tanto pretender no concretar la despedida sólo genera un tiempo más largo de exposición a la ansiedad que no ayuda. Entre más rápida sea la despedida, hay menos tiempo de inquietud, el pequeño se distrae y se recupera más fácilmente.
- Ten paciencia, con el paso de los días cuando las personas que lo cuidan comiencen a resultarle familiares y vaya experimentando que van por él y regresa a casa, la ansiedad de separación va disminuyendo hasta desaparecer.

- Evita retrasarte a la hora de recogerlo, y si existe la posibilidad de que eso suceda, anticípaselo porque la fantasía de abandono aparece y reactiva la ansiedad de separación.
- Si alguien diferente irá por él, díselo previamente. En caso de que haya sido resultado de un imprevisto, pídele a quien va a recogerlo que le dé la explicación pertinente.
- Toma en cuenta que en ti también se activa la ansiedad de separación en un inicio y que vas a requerir estar consciente para separarte a fuerza de voluntad, ya que dejarlo llorando mueve tu instinto de querer permanecer hasta tranquilizarlo. Al igual que en el caso de tu hijo va a ir disminuyendo tu inquietud, en la medida en que pasen los días y vayas teniendo retroalimentación de que está bien cuidado y la experiencia transcurra adecuadamente.
- Bajo ninguna circunstancia busques que se distraiga para poder irte sin que se dé cuenta, ya que esto lejos de ayudarlo, lo convertirá en un chico temeroso, inseguro, que tiene que mantenerse vigilante por el temor a ser abandonado. Aunque la intención es buena y se pretende evitar que se quede llorando, a largo plazo sólo produce inseguridad y mayores niveles de ansiedad.

Ingreso al jardín de niños, kínder o casa de niños

Cuando ésta es la primera experiencia escolarizada de tu pequeño, la ansiedad de separación se va a presentar en algún nivel. Aunque la ventaja aquí es que el niño ya tiene comprensión de situaciones como jugar con otros niños, realizar actividades divertidas, entre otras cosas, y por lo tanto se puede ir trabajando con ellos la idea con anticipación.

Es posible que la presencia de la ansiedad de separación varíe mucho entre los niños de estas edades porque va a influir la experiencia previa. Es decir, un pequeño que ha estado expuesto únicamente a papá o mamá, que no tiene la experiencia del cuidado de otras personas, es probable que su ansiedad de separación sea alta, en comparación con quien ha crecido rodeado de tíos, abuelos, primos y ha sido cuidado en otros momentos por otras personas y por lo tanto ha experimentado situaciones de separación y reencuentro con papá y mamá.

Sugerencias:

Además de las contempladas en el segmento anterior, en relación con el ingreso a guarderías o cualquiera de sus equivalentes, es importante considerar lo siguiente:

- Llevar previamente al niño a conocer el lugar.
- Si es posible, tener un contacto previo con la maestra de tal forma que el primer día de clases le resulte familiar.
- Tomar en consideración que según el carácter del niño puede despedirse con tranquilidad y no dar muestra alguna de sentirse ansioso, lo que con frecuencia genera tristeza en el adulto.
- Evita retrasarte a la hora de recogerlo, pero si sabes de antemano que esto ocurrirá, es importante que lo sepa.

Los sistemas escolarizados acompañarán a los niños en su proceso de crecimiento, aprendizaje y formación durante 22 o 23 años, por lo que es importante que los padres reconozcan en ellos a unos aliados y se trabaje en conjunto haciendo una buena alianza, comprendiendo el papel que cada uno juega en la vida de cada chico y que sus funciones no pueden ser suplidas por ninguna de las partes, tal como lo revisamos en el capítulo 16.

Nota importante: cuando el niño se queda al cuidado de familiares, amigos o trabajadoras del hogar es importante tomar en consideración que la responsabilidad de la educación que está recibiendo es de los padres. Necesariamente el o los adultos que tienen a su cargo al niño deben contar con la concesión de los padres para ejercer mecanismos de autoridad y hacerse obedecer, más allá de la responsabilidad de cuidarlo y atender sus necesidades. Si los padres y cuidadores no tienen bien delimitadas sus funciones y rangos de acción frente a los comportamientos del niño o existen diferencias importantes de opinión con respecto a la forma de educación que el pequeño está recibiendo, los padres deben asumir la responsabilidad de tomar las medidas pertinentes necesarias para buscar una mejor alternativa. En eso consiste la responsabilidad de tener un hijo.

Lenguaje

Cuando un niño está presentando problemas en el lenguaje en comparación con los niños de su edad, es importante contemplar la posibilidad de hacer una valoración con un especialista. ¿Cómo saber que se requiere dicha valoración? Algunas señales son:

- Cuando solo tú y quienes se relacionan cotidianamente con él entienden lo que dice. Es decir, te ves traduciéndolo como si hablara otro idioma.

- Cuando te das cuenta de que accedes a lo que dice o solicita utilizando señas.
- Cuando te reportan de la escuela que su lenguaje no corresponde a su edad.

Algunas sugerencias para facilitar el desarrollo de su lenguaje en la interacción diaria:

- Desde bebé y mientras crece utiliza el nombre de las cosas al relacionarte con él. Por ejemplo: "aquí está tu leche", "te voy a poner un suéter porque hace frío", "¿ya viste ese pajarito?", etcétera.
- Cuando comienza a hablar no repitas tú la forma incorrecta en la que el niño pronuncia. Por ejemplo, es común que los niños le digan "guá guá" al perro, de manera que cuando tú respondas dile: "sí, es un perrito".
- Cuando pronuncia una palabra y lo hace inadecuadamente, aunque sea razonable para su edad, repite tú la palabra correctamente. No se trata de que tú aprendas su "idioma", se trata de que él aprenda el tuyo.
- Cuando señale algo que desea, dile que no entiendes y menciona lo que está señalando y algún otro objeto que esté cerca para que haga el esfuerzo por tratar de imitar el sonido aunque no lo haga correctamente.
- Si ya sabe el nombre, aunque lo diga mal, dile que no entiendes con señas, que te diga qué quiere, y cuando lo diga tú repites el nombre del objeto correctamente.
- Cuando ya logra pronunciar alguna letra pero por mal hábito la cambia, no accedas a lo que pide hasta que lo diga correctamente. Es frecuente que esto suceda con la letra *r* que suelen cambiar por *l* o *d*. Si aún no sabe pronunciarla, sólo repite tú la forma correcta de decirlo.

Estas sugerencias y otras que podrás conocer es importante que se realicen con naturalidad en la interacción cotidiana. Su impacto en el desarrollo del lenguaje se da por la repetición que permite el día a día y no en el empeño de reiterarlo en cada ocasión, porque lejos de cumplir su función puede generar tensión y ansiedad.

Las mentiras

A lo largo del crecimiento de los niños y de la vida misma, las mentiras van a estar presentes pero van a tener implicaciones distintas. Aquí sólo vamos a comentar sobre su aparición y manejo en el proceso educativo.

En la medida en la que el niño crece irán apareciendo dos tipos de mentira:

1. Las que son producto de la fantasía.
2. Aquellas en las que el niño está consciente de que lo que dice no es cierto.

En las primeras los niños cuentan cosas más que una mentira propiamente, hay confusión entre la realidad y la fantasía. Suelen ser mentiras muy evidentes a los ojos de los adultos porque no tienen lógica. Se presentan acompañadas de elementos mágicos como "súper poderes" o influenciadas de sus propios deseos. Es decir, un niño puede contar que llevaron a un león a su escuela y que él fue el único que se atrevió a tocarlo, por ejemplo. Ante estas situaciones no es necesario hacer confrontaciones ni poner demasiado peso a lo que contó y sólo dejarlo como un juego.

En este sentido es importante solamente ir observando la frecuencia de las mentiras y qué proyecta el niño en ella: valentía, deseo de ser reconocido, de obtener afecto, etcétera. Cuando se presentan con frecuencia vale la pena identificar si hay un denominador común y entonces estar atentos a eso. Por ejemplo, si el niño cuenta constantes historias de valor, hay que prestar atención especial en darle reconocimiento en situaciones de la vida cotidiana para ayudarle a satisfacer esa necesidad, o revisar si no es un niño que está siendo muy regañado y por ahí busca compensar su necesidad de reconocimiento positivo.

Cuando están atravesando una época de este tipo de mentiras, hay que evitar regañar y más bien hacer comentarios más juguetones haciendo notar que está jugando.

En el segundo caso, los niños empiezan a encontrar en la mentira una función. Es decir, puede ser que la utilice para evitar una consecuencia, y en este sentido la más frecuente es "yo no fui". También pueden usarse porque se pretende evitar hacer algo que le da flojera como cuando le pides que se lave las manos o haga la tarea y te dice que ya lo hizo o que, en el segundo caso, no le dejaron. También están aquellas en las que no sólo busca evitar la consecuencia sino que responsabiliza a otro de lo que sucede. Por último están las que por su contenido o la frecuencia con la que las dice, en realidad importan por lo que significan y no por lo que la mentira en sí representa, es decir, es el síntoma de algún sufrimiento o necesidad emocional insatisfecha que nos tendría que llevar a abrir el contexto para entender lo que nos está queriendo decir con esto.

El error más común cuando se presentan las mentiras es que se desata lo que suelo llamar la *persecución de la verdad*. Normalmente cuando un niño miente despierta en los padres desconfianza, y a partir de ahí se comienza una insistencia constante

ante cada situación que incluye la pregunta "¿estás seguro?" o "¿me estás diciendo la verdad?", lo que pone al niño en un dilema, pues si responde que mintió será regañado, y si se mantiene en la mentira (en el caso de que lo sea) prefiere sostenerse porque esta salida abre la posibilidad a no ser descubierto con un poco de suerte. Por ello suelen recurrir a sostener su mentira, que al ser descubierta lleva a los padres a mayor desconfianza y se cierra así el círculo vicioso. Cuando se entra en esto, irónicamente las mentiras aumentan y los padres no entienden por qué el chico no cesa de hacerlo si termina regañado o castigado.

En muchas de las mentiras de los niños, en especial aquellas que buscan evitar la consecuencia o hacer algo que les da flojera, sólo se tiene que actuar, es decir, en lugar de preguntar quién dejó los juguetes fuera de su lugar, hay que pedirle al niño que recoja. Si se queja diciendo que él no los dejó tirados, le decimos simplemente que por favor ayude a regresarlos a su lugar. Si dice que ya se lavó las manos, le pedimos que las muestre y ante lo obvio le pedimos que lo repita. En lugar de poner la atención en la mentira, la ponemos en la acción: "No están bien lavadas, vuelve a hacerlo".

Cuando de cualquier manera levanta lo que está tirado o se lava las manos, la mentira va perdiendo razón de ser porque no cumple el propósito para el que la está utilizando y termina por desaparecer. Es decir, para el niño no hay una connotación moral en el uso de la mentira, es más bien una estrategia, inadecuada sin duda, pero sólo eso, y el propósito educativo es mostrarle que su estrategia resulta inútil.

En los casos en los que la mentira implica culpar a otra persona ayuda manejar la situación como un *mal entendido* que requiere ser aclarado; esto permite quitarle el peso, que como ya mencioné anteriormente, suele ser vivido con una fuerza implacable que lleva al niño a sostener su mentira. Cuando la situación lo permite escuchamos a ambas partes o, en su caso, a una tercera persona que fue testigo de la situación. Si la mentira queda evidenciada, recurrimos a centrarnos en la acción, en donde una de las consecuencias más efectivas es hacer al niño *dar la cara*, porque la *pena* es una de las experiencias más útiles para lograr disminuir la tentación de volver a repetirlo. Importante: *dar la cara*, no humillar.

Lo inquietante de las mentiras es que ponen a prueba dos valores morales: la verdad y la justicia. La verdad es lo que esperamos de ellos; ser justos es lo que toca a los padres. Los niños irán aprendiendo a conocer ambos valores en la medida en la que actúan y a través de uno de los métodos más antiguos de la humanidad: ensayo y error. Para los padres esto implica un dilema, en especial en los casos en los que no hay forma de comprobar si hubo o no mentira y por lo tanto aparecerá la pregunta al establecer la consecuencia "¿estoy siendo justo?", "y si dijo la verdad?", y muchos más ¿y si…?

A lo largo de la educación los padres se van a encontrar con momentos de dilema moral y lo importante es entender que no hay forma de educar de manera perfecta o *pura*, pero que siempre es posible hacer de esas experiencias una razón para la formación del carácter, sin que esto inhiba el compromiso consciente de los padres por hacer el esfuerzo de dar lo mejor de sí.

Nota importante: Antes de terminar con el tema es preciso tomar en consideración que actuar en consecuencia a las mentiras de los niños no deja de lado la importancia de reflexionar con ellos una vez que la situación se resolvió. Te invito a regresar al capítulo 11.

La tarea

La tarea es una de las actividades que suele generar problemas entre padres e hijos. Más allá de la opinión que los papás suelen tener sobre esta actividad (si se les debería de dejar más o menos, si no tendría que haber tarea, si los maestros deberían de supervisar mejor la misma, etcétera) es importante asumir que si la escuela en la que está inscrito al niño, éste debe de responder a la exigencia de la misma.

La tarea es del niño y es él quien debe realizarla. Para lograr esto hay que seguir un proceso de acompañamiento desde que inicia su vida escolar y empieza a tener tareas.

En un principio las tareas le resultan placenteras. Cuando se trata del kínder suelen ser dibujos y es raro el niño que ofrece resistencia. Poco a poco las tareas comienzan a implicar lectura, escritura y números, y es cuando los niños comienzan a mostrar negativa. También es cierto que hay niños que nunca generan problemas en esta área o niños a quienes en casa se les ha establecido el hábito y tampoco se genera conflicto.

Más allá de si al niño le gusta o no la escuela, es importante que los padres se encarguen de formar el hábito. Aquí algunos elementos a tomar en cuenta:

- Establece la hora de la tarea temprano, es decir, terminando la hora de la comida si va en un turno matutino o temprano por la mañana si asiste al horario vespertino. Antes de iniciar sugiere que tome agua, vaya al baño o cualquier otra cosa que pudiera hacerlo interrumpir el tiempo de elaboración de la tarea.
- Destina un espacio para que haga la tarea, sin televisión, radio, música ni aparatos electrónicos u objetos que puedan distraerlo.

- Toma en consideración que el hábito de hacer la tarea implica no sólo hacerla, sino hacerse cargo de solicitar a tiempo lo que va a requerir, especialmente si hay que adquirir materiales fuera de casa, traer a la mesa o escritorio lo necesario para llevarla a cabo y recoger todo lo utilizado al terminar, dejando su mochila lista para la hora de irse a la escuela.

- Refuerza en lo particular preguntando al salir de la escuela qué va a necesitar para hacer la tarea, de tal forma que puedan organizarse si hay que adquirir algún material fuera de casa. Recuerda que para él no es obvio lo que sí es para ti, así que hay que irlo haciendo caer en cuenta.

- En caso de que al haber preguntado no lo haya dicho y la situación surja cuando se siente a hacer la tarea, no resuelvas la situación saliendo por lo que falta. Envía una nota de explicación a la maestra diciendo lo sucedido y que harás que realice la tarea al día siguiente aun cuando ya no cuente para su calificación para que aprenda. Cuando un niño es rescatado y alguno de los padres sale a solucionar el problema, el chico no vive la responsabilidad de la tarea como suya; cuando al día siguiente tiene que hacerla aunque ya no sirva para su calificación y terminó trabando en ella de cualquier manera, aprende que debe tener más cuidado y hará lo necesario para que esto no se repita.

- Si tu hijo olvidó en casa la tarea o algún objeto que requería para realizar las actividades de ese día, no lo resuelvas. Deja que aprenda de la experiencia, que enfrente la situación, ya sea con sus compañeros si se trataba de un trabajo en equipo, con la maestra o con el impacto en su calificación. En muchas ocasiones educar implica no estorbar.

En un inicio será imprescindible la presencia del adulto para ayudar a evitar distracciones que por la edad son comunes y que requerirán de intervenciones en tono adecuado cuando esto suceda, tales como: "¿En qué vas?", "¿qué sigue?", "continúa", etcétera. Es muy importante que aun cuando se presenten distracciones frecuentes se mantenga la calma y el tono sea firme, pero sin enojo o desesperación.

La tarea es responsabilidad del niño y sólo de él. El adulto únicamente tiene que hacerse cargo de facilitar el ambiente para realizarla, destinar el espacio físico, adquirir lo necesario para realizarla, supervisar que se den las condiciones necesarias, asegurarse de que se siente a hacerla, quitar los distractores y eventualmente ayudarlo explicándole algún concepto que no tiene claro.

Ayudarlo no significa hacer por él. Cuando el adulto hace parte o toda la tarea, el mensaje que le envía al niño es que la tarea es más importante que el aprendizaje de la responsabilidad que implica hacerla. Y una vez que los niños tienen esta concepción equivocada de la tarea, dejan de preocuparse porque saben que mamá o papá se van a encargar de hacer que la haga, y en el peor de los casos, de hacerla ellos mismos.

Cuando hacer la tarea ya es un problema

Como todo mal hábito establecido, romperlo va a requerir de un plan de acción y de resistencia por parte de los padres, tal como lo revisamos en el capítulo 10. Es un trabajo duro pero vale la pena. Los principales errores que dan lugar a convertir la hora de la tarea en un problema parten de la idea de que el niño debe hacer y terminar la tarea a costa de lo que sea, y esto desemboca en largas tardes de conflicto que generan un ambiente tenso, en donde surgen berrinches, gritos, jaloneos, verbalizaciones negativas y un largo etcétera.

Todo esto se complica si se trata de un examen, particularmente cuando tiene bajas calificaciones, y qué decir si además está condicionado por la escuela.

A riesgo de parecer reiterativa es importante insistir en que la responsabilidad del niño es realizar la tarea, y la del adulto servir de facilitador y supervisor, y para esto, aquí algunas recomendaciones adicionales a las sugeridas anteriormente:

- Determina la cantidad de tiempo que será destinado para esto. Vas a calcularlo en función de lo que tú sabes que tu hijo tardaría en llevarla a cabo si no se distrajera.
- Utiliza tu presencia física durante ese tiempo para evitar que tu hijo realice cualquier otra actividad que no sea hacer la tarea o evitar que se vaya con cualquier pretexto. Es muy importante considerar que tu celular no se convierta en un distractor.
- Supervisa que la tarea comience por la actividad que menos le agrada o más se le dificulte para evitar que el cansancio dificulte su ejecución al dejarla al final.
- A la hora que se destinó para finalizar la tarea se da por terminada la actividad y se guarda todo. Si el niño terminó, las actividades del resto de la tarde continúan, pero si no lo logró se establece una consecuencia (siempre la misma, tal como lo hablamos en el capítulo 8) y se envía una nota a la escuela explicando lo sucedido.
- Es importante que la consecuencia elegida pueda ser vivida por el niño en el transcurso del mismo día y que sea algo que le resulta significativo, como no poder ver la

tele, utilizar su videojuego, o cualquier otra actividad que le guste.

- Habla con tu hijo previamente para decirle que entiendes que el tema de la tarea está siendo motivo de muchos conflictos entre ustedes y que van a establecer nuevas reglas al respecto.

Dependiendo del carácter del niño estas estrategias pueden llevar un par de días en corregir el comportamiento o pueden generar una resistencia mayor, y es importante que te mantengas consistente al respecto. Esto implica control sobre la impaciencia y el enojo, porque el mensaje tiene que ser claro y lo deben de dar los hechos, no los regaños ni sermones al respecto. Esto implica que papá, mamá o el adulto encargado logren soltar el tema y no estén dedicando tiempo más allá del horario establecido. El impacto sobre el comportamiento de tu hijo lo tendrá la consecuencia, no tú.

En los casos en los que el comportamiento no se modifica pronto y llega a impactar su calificación, se tendrá que continuar con lo mismo y se establecerá otra consecuencia por su baja en el rendimiento académico. Puede ser una carrera de resistencia, pero terminará por valer la pena.

Con algunos niños puede valer la pena establecer una combinación de herramientas, como las que revisamos en el capítulo 5.

Sexualidad infantil

Esta área de la vida de los niños, además de generar dudas, produce también mucha ansiedad. Es claro que ha habido un cambio importante, pero sobre todo vertiginoso en relación con el tema de la sexualidad en generaciones recientes, lo que ha generado desconcierto y miedo en muchos padres de familia.

Abuso sexual

El abuso sexual infantil en lo particular ha forzado a los padres de niños pequeños a abordar el tema debido a las altas incidencias, lo que puede considerarse uno de los grandes males de la humanidad. Es por esto que a pesar de la renuencia que puedan mostrar muchos adultos, el tema se ha vuelto inevitable y se busca ayudar a los niños a cuidarse y reportar de inmediato cualquier situación que pudiera ponerlos en riesgo.

Sugerencias:

- Enseña desde pequeño a tu hijo el nombre correcto de las partes del cuerpo femenino y masculino; para esto puedes aprovechar el nacimiento de un hermano(a) del sexo opuesto o apoyarte en algún libro sobre sexualidad apropiado para su edad.
- Si te sientes más cómodo haciendo referencia a los genitales como las *partes privadas* del cuerpo, hazlo, pero asegúrate de que conozca sus nombres reales.
- Explícale que los adultos sólo podemos tocar su cuerpo para enseñarle cómo cuidarlo, limpiarlo o por razones médicas.
- Explícale que hay partes del cuerpo que sirven para entrar en contacto con los demás en la convivencia cotidiana, pero que hay otras que nadie tiene por qué tocar a excepción de las razones antes mencionadas, incluso papá y mamá.

- Dile que es importante que ante cualquier contacto con una persona que le resulte incómodo lo cuente a un adulto en quien confíe.
- Haz énfasis en que no debe de dejarse tocar o ver, ni acceder a tocar o ver a alguien más, aun cuando se trate de alguien que lo quiere, que lo amenace o le ofrezca algo a cambio, por atractivo que le resulte.

En el caso de que tu hijo te cuente que ha vivido algún tipo de experiencia de esta naturaleza, trata de controlar tu reacción, agradécele que te lo haya platicado y asegúrale que vas a tomar las medidas necesarias para cuidarlo y que la situación no se repita. Evita reclamarle que no te lo haya dicho antes y déjale claro que te vas a hacer cargo de la situación, que cuenta contigo y, sobre todo, que él no tuvo la culpa.

Nunca ignores a un niño que te diga algo así y busca de inmediato ayuda profesional.

Juegos sexuales

La curiosidad es una característica natural en los niños y su manifestación en la sexualidad no es una excepción, por lo que con frecuencia se presentan en ellos preguntas que aluden a ese tema o juegos con contenido sexual.

Desafortunadamente el acceso a la tecnología y la pobre supervisión de los padres pueden exponer a los niños a imágenes, videos o pornografía desde muy pequeños, lo que genera que con frecuencia las preguntas y el alcance de los juegos de los niños estén excedidos en la imitación de actitudes o comportamientos que no tienen capacidad para comprender, pero sí de presentar en la interacción con otros niños y adolescentes.

Hay una diferencia muy importante entre la forma en la que un niño puede vivir un juego con otros niños en los que la curiosidad los lleva a mostrar sus genitales, y los juegos en los que imitan movimientos o sonidos que forman parte de una relación sexual utilizando sus muñecos, o incluso representándola cuerpo a cuerpo con otros niños.

Sugerencias:

- Desde que tu hijo es pequeño busca libros de sexualidad para niños, de manera que te vayas familiarizando con el lenguaje y puedas irlo orientando.
- Si tu hijo te hace una pregunta y no sabes qué decir, puedes decirle que vas a pensar en cómo podrías explicárselo, incluso se vale decirle que no sabes pero que vas a buscar la respuesta y lo hablas en otro momento. Toma el tiempo para revisar la literatura que existe al respecto y responderle de forma adecuada en un mejor momento. No uses esa petición de tiempo para ignorar lo que sucedió y evitar el tema. Recuerda que lo que ya está en su cabecita como duda, si no lo respondes tú, lo buscará por otro lado.
- Si los descubres tú o alguien más te dice que sorprendieron a niños teniendo algún tipo de juego inapropiado, cuida tu reacción, detén la actividad y diles que a eso no se juega. Posteriormente platican sobre el tema siempre preguntando primero qué los llevó a jugar a eso, ya que es importante conocer el contexto de lo que pasó. Recuerda que es muy importante que controles la respuesta emocional que se genera en ti cuando ves a tu hijo expuesto

a una circunstancia de esta naturaleza. En la medida en la que exageremos la reacción el niño se asusta y no va a cooperar al platicar con él, lo que nos hace perdernos de información muy valiosa.

- Asegúrate de que tu hijo esté siempre supervisado por un adulto, ya sea que esté solo o acompañado. Si la supervisión no puede darse visualmente, hay que cuidar que podamos estar escuchando lo que sucede para de esa forma detener cualquier comportamiento inadecuado a tiempo. Recuerda que los niños hacen ruido, si no escuchas nada, hay que ir a ver qué pasa.

- Una vez que tengas identificadas la o las fuentes de información que dieron lugar a ese tipo de juegos hay que tomar las medidas pertinentes, ya sea restricción de tecnología, aumento en la supervisión de sus tiempos de juego, ofrecer la información pertinente para ayudarle a resolver sus dudas de forma correcta su edad y cualquier otra decisión que ayude a regular la información o condiciones de convivencia con amigos.

- Si la razón de esas actividades viene de la información o influencia de algún amigo en particular, supervisa y delimita su interacción, pero no te vayas al extremo de prohibir o *satanizar* al amigo en cuestión; recuerda que es un chico en formación y no tiene la culpa de no estar siendo educado y acompañado adecuadamente.

Aun cuando pueda resultar evidente, no quiero dejar de sumar las siguientes situaciones:

- No se debe de tener actividad sexual cuando hay niños en el mismo cuarto.

- Hay que asegurarse de que los niños que duermen en cuartos cercanos no escuchen los sonidos que produce la actividad sexual.

- Cuando se comparte habitación con niños en el cuarto como forma de vida es importante separar las áreas, de tal manera que los niños no vean y de preferencia no escuchen. De no ser posible, hay que buscar estrategias de apoyo con personas de la familia, de tal manera que los niños no estén presentes.

Es muy importante tomar en consideración que la vida sexual de los padres debe cumplir con la privacidad que ésta exige, y esto incluye no ser vistos ni escuchados, particularmente por niños y adolescentes que están en proceso de formación.

El baño y la desnudez

Una de las preguntas más frecuentes está relacionada con las edades y lo pertinente de que los hermanos se bañen juntos o alguno de los padres con los hijos.

El factor que ayuda a responder esta pregunta es el pudor. De una manera simple, vamos a explicar el pudor como la pena o incomodidad que se experimenta por la exposición del cuerpo frente a una o más personas. Todos tenemos pudor, pero no en todos se manifiesta ante las mismas circunstancias. Hay personas más pudorosas que otras y esto debe de ser respetado.

Es decir, si alguno de los padres no se siente cómodo bañándose con sus hijos, tiene derecho a no hacerlo. Lo mismo sucede cuando un niño es pudoroso; en ese caso los padres tendrán que buscar otra dinámica de funcionamiento para el baño. Esto no significa que vayamos a dejar al niño desde muy pequeño cuando no es capaz de hacerlo por sí mismo; significa que cuidaremos su pudor y lo bañaremos sin hacerlo simultáneamente y respetando que no estén más personas dentro del baño, hasta que poco a poco lo haga solo.

Normalmente los niños no presentan ningún problema al respecto de inicio, pero conforme se van haciendo mayores ellos solos piden bañarse de manera independiente. Muchas veces es alguno de los padres el que se incomoda y empieza a modificar la rutina del baño.

Que los niños se bañen juntos o alguno de los padres lo haga con ellos va dando lugar a las preguntas de los niños con respecto a las características del cuerpo, y es importante responder con verdad y claridad. Los niños suelen verlo con naturalidad, pero muchas veces eso detona que los padres se inquieten y piensen en empezar a hacerlo por separado.

Una señal clara de la aparición del pudor es cuando alguno de los padres piensa que para bañarse con su hijo(a) considera ponerse traje de baño. Si esta idea surge es importante decirle al niño en cuestión que ya es grande y tiene que empezar a hacerlo solito(a). Si la idea se consideró desde el inicio es que hay pudor.

Bañarse simultáneamente con los niños no es una prioridad en la educación, es más bien resultado de un tema de practicidad.

Sugerencias:

- No por bañarse juntos el padre en cuestión debe de bañar al niño. Están juntos pero tiene que ir aprendiendo a hacerlo solo; el padre sólo es un apoyo hasta no ser necesaria su presencia.

- Suelo sugerir que si para los ocho años el pudor no se ha presentado en ninguna de las partes, se dé lugar a la separación como parte del proceso de crecimiento e independencia.
- Antes de los ocho años la separación se presenta en el momento en el que cualquiera de los miembros de la familia se incomode.

Los mismos criterios aplican para cambiarse de ropa en los diferentes momentos del día. El pudor siempre tendrá preferencia, cuando sea que éste surja. Cuando los niños son especialmente pudorosos es importante explicar con detenimiento si va a tener que ser revisado por el médico, si por alguna molestia los padres necesitan revisarlos o si por cuestiones de higiene hay que apoyarlos.

Masturbación infantil

En este tema hay una diferencia entre niños y niñas. Por estar el órgano genital masculino expuesto, lo chicos suelen descubrir fácilmente que hay una sensación placentera distinta a la del resto del cuerpo más fácilmente que las niñas. Por el contrario, al estar protegido el órgano sexual femenino las niñas no suelen descubrir tan fácilmente la sensación placentera de sus genitales.

Es muy común y normal que ambos, una vez que descubren la sensibilidad de esa zona del cuerpo, pasen por etapas en donde presentan conductas masturbatorias. Normalmente los niños lo hacen tocándose directamente y las niñas meciéndose.

Es importante saber que es normal, es parte del desarrollo y normalmente aparece y desaparece solo. Sin embargo cuando lo presentan y te percatas puedes solicitarle que deje de hacerlo o buscar distraerlo con alguna otra actividad.

Cuando lo reportan en la escuela no significa que tu hijo se esté portando mal, pero sí es importante que lo sepas. Puedes hablar con tu hijo sólo para decirle que aunque es natural que sienta ganas de hacerlo, es necesario que no se distraiga de sus actividades en la escuela y que no es lugar para esto.

Cuando esto se mantiene durante mucho tiempo y llega a distraerlo de actividades, o incluso deja de hacer cualquier otra cosa por llevar a cabo la estimulación, es fundamental revisar si no hay detonadores de ansiedad en su vida, porque puede convertirse en un síntoma (no porque tenga nada de malo) que nos está reflejando alguna otra situación que sí requiera atención.

Cuando los niños pasan a la primaria normalmente ya no presentan el comportamiento, o si lo hacen, tienen claro que es una conducta que no se lleva a cabo frente a otras personas.

En la mayoría va a desaparecer hasta volver a presentarse durante la adolescencia.

Erotización temprana de niños y niñas

Antes de finalizar el tema es muy importante hacer una última reflexión. La cantidad de tiempo que los chicos pasan jugando o viendo videos e imágenes en internet, y sumado a la apertura con respecto a la sexualidad, propicia que hoy se erotice desde etapas muy tempranas a los niños.

Es importante distinguir apertura de anticipación y estimulación; lo primero ayuda a eliminar tabúes y a normalizar un comportamiento que es parte de la vida humana, pero lo segundo los expone a situaciones para las que no está formado el criterio y anticipa experiencias que no habría por qué tener.

Sugerencias:

- No preguntes o favorezcas noviazgos en etapas preescolares sólo porque te da ternura.
- Cuando tu hijo(a) expresa que tiene novio(a) no hagas mayores alardes y dile que eso es asunto de grandes y que por ahora disfrute de sus amigos.
- No platiques al resto de familiares y amigos este tipo de anécdotas frente a tu hijo(a).
- Cuando las niñas terminan de jugar, pídele que se despinte las uñas y se retire los accesorios que no corresponden a su edad.
- Decide de manera consciente cuál es la edad en la que consideras que tu hija ya podrá vestir ropa sexy, lo corto de su falda o lo atrevido del escote, así como aquella en la que permitirás que se maquille.

Hoy en día se está favoreciendo la erotización en los niños aun cuando todavía no son adolescentes o en etapas muy tempranas de la misma, lo que sumado a experiencias primerizas de permisos a reuniones, fiestas o conciertos masivos está dando lugar a vivencias tempranas de la sexualidad, así como al consumo excesivo de tabaco, alcohol y drogas que los ponen en riesgo cuando no han desarrollado la base de los criterios que impiden desórdenes alimenticios, adicciones, *cutting* (lastimarse a sí mismos), intentos suicidas, entre muchos otros trastornos.

¿Por qué la prisa por vivir experiencias por anticipado?

Educando en valores

En mi experiencia en el trabajo con padres de familia, la buena educación, más allá de su formación académica, no implica únicamente que sus hijos sean obedientes o estén *bien educados*, lo que importa es lo que en palabras coloquiales se suele expresar como que se conviertan en *personas de bien*, es decir, que muestren una vida basada en valores morales.

El tema de los valores morales no sólo es muy amplio, sino también muy complejo, y aunque no es la intención de este libro, al hablar de educación necesitamos hacer referencia al tema. En lo que a mí respecta, quiero reflexionar sobre algunos conceptos importantes relacionados.

Los valores morales no son amigos entre sí. Con frecuencia la vida nos coloca frente a situaciones que implican un dilema moral, es decir, dos o más valores igualmente importantes o significativos para una persona aparecen como contrarios y hay que elegir por alguno. Por ejemplo, al salir a recreo un par de niños tiene la ocurrencia de cerrar el salón poniendo seguro a la puerta para que al volver no se pueda entrar y se pierda tiempo de clases. Al regresar sucede lo planeado por ellos, y una vez que logran ingresar al salón, 10 o 15 minutos después, la maestra pide a los niños que digan quién fue. Nadie admite haberlo hecho. Algunos niños, además de quienes hicieron la travesura, ya lo saben y los demás se irán enterando poco a poco, pero nadie delata a los culpables. La maestra cuestiona la falta de honestidad de los alumnos.

Si detenemos el ejemplo aquí podríamos concluir que estos niños necesitan ser educados en el aprendizaje de la honestidad, la importancia de la verdad y en la creación de conciencia del impacto que tendrá en su vida si esto se convierte en un hábito de conducta cotidiano.

Sin embargo, aquí está de por medio un valor que no se ha considerado en el análisis de la situación: la solidaridad. Aquellos que saben quiénes fueron los que cometieron la falta están siendo motivados por la solidaridad hacia sus compañeros y también, quizá de manera más clara, por la consecuencia a la que serían sometidos si al decir la verdad son clasificados como los *chismosos* de la clase. De tal manera que están en medio de un dilema: ser honesto o solidario, pues ambos valores no son posibles juntos. Hay que elegir. Si se es honesto no se está siendo solidario y viceversa. Los únicos que están libres de ese dilema son los que cometieron la falta; en ellos sólo existe un valor de por medio, ser honestos o no serlo, y el querer evitar la consecuencia es una gran motivación para guardar silencio apostando a que no pase nada.

Seguramente estás poniendo en duda que los niños estén actuando en función de este dilema, y tienes razón; lo más probable es que sólo lo hagan en función de evitar la consecuencia que en un primer momento surge en su cabeza, ya que ninguno quiere ser el chismoso de la clase, así que silencio absoluto de todos. Pero entonces surge una respuesta de la maestra que no esperaban: dado que nadie reconoce haber cometido la falta y los demás tampoco dicen quién fue, ella decide que todos se llevarán tarea extra por el tiempo que se perdió en poder ingresar al salón.

En ese momento haber optado por evitar la consecuencia ya se esfumó debido a que ahora hay que elegir qué consecuencia prefieren. El que opte por decir el o los nombres de los culpables pasará a ser el chismoso, pero si guarda silencio tendrá que hacer tarea extra. Ahora habrá que elegir sobre las consecuencias. Y es en este momento cuando comienzan a caer en la cuenta de que hay un dilema.

Y todavía este análisis podría complejizarse más, ya que entra el valor de la justicia al cuestionamiento de la situación. Los chicos que cometieron la falta, dada la decisión de la maestra,

entran en dilema: ¿es justo para sus compañeros una consecuencia cuando no hicieron nada malo? Así que ahora la justicia y la honestidad se convierten en su dilema. A su vez la
maestra tiene que cuestionarse si es justo imponerles una consecuencia a todos cuando sólo algunos cometieron la falta, o
dejar impune el comportamiento de los involucrados para ser
justa con los que no fueron. Y así podríamos seguir haciendo
un análisis cada vez más complejo de la situación.

La maestra tiene una puerta de salida, ella *debe* aprovechar
la situación para la formación de sus alumnos. Si deja impune
el comportamiento en nombre de la justicia (por no querer
ser injusta con los niños que no llevaron a cabo la travesura)
aumentan las posibilidades de que día con día los chicos vayan
escalando su mal comportamiento porque finalmente *no pasa
nada*. En poco tiempo tendría un salón indisciplinado. Por el
contrario, al establecer una consecuencia que abarca a todos
(dado que desconoce el nombre de quienes fueron), les deja
claro que al decidir ser solidarios, lo son también al cumplir
la sanción.

La educación del criterio

Dando continuidad al ejemplo anterior, tendríamos que preguntarnos qué se prefiere: ¿Qué los niños opten por la honestidad o por la solidaridad? Depende del criterio que se utilice.
Si los niños optan por cualquiera de los dos valores, lo importante es que estén dispuestos a asumir las consecuencias que de
ahí se deriven. Sin embargo, cuando lo que está en riesgo forma parte de un valor que se considera superior, se esperaría que
el criterio ayude a determinar las acciones a tomar. Es decir, no

es lo mismo que un niño sea solidario ante la travesura a la que hemos hecho referencia, a que decida lo mismo frente al hecho de que un chico tenga en su mochila una navaja. En esta última alternativa esperaríamos que reporte la situación.

El criterio es la herramienta que los niños van aprendiendo con el tiempo, gracias a la interacción del adulto y de la reflexión frente a los acontecimientos y específicamente ante las decisiones que el niño va tomando cuando la autoridad en cuestión lo está educando. Recuerda, con la consecuencia no basta.

Gracias al criterio el niño aprende que hay diferencia cuando acusa a su hermano o a otro chico por comerse un dulce sin permiso, a cuando reporta que está jugando con cerillos. Dependiendo del nivel de riesgo que está involucrado en la situación, *acusar* puede ser una conducta inadecuada o una conducta esperada.

El tema va cobrando mayores niveles de complejidad cuando reconocemos que la jerarquía de los valores no es la misma en los diferentes contextos en los que nos desenvolvemos. Por ejemplo, en los países en donde existe la pena de muerte está en juego la vida. La jerarquía entre los valores cambia dependiendo de la familia y la comunidad en la que se vive, y de acuerdo con esto se pueden encontrar diferencias importantes entre lo que marca la ley y lo que marca la moral, de tal forma que la ley puede permitir el aborto y la moral puede entrar en disputa al respecto. Incluso desde la misma moral puede haber posturas distintas frente al mismo tema. Y lo mismo va a suceder en el interior de una pequeña comunidad y dentro de la misma familia. Aquí el criterio vuelve a convertirse en un elemento importante para definir una posición.

Las reglas como vehículo de los valores morales

Los valores morales son universales, sin embargo, la expresión de los mismos no. Los valores morales van a necesitar ser *traducidos* dependiendo del sistema en el que las personas se desenvuelven. Es decir, no implica los mismos comportamientos el respeto si se habla de un templo, que de la escuela o la casa, ni dentro de un mismo contexto dependiendo de las demandas de un momento determinado. La escuela es un ejemplo claro, no se esperan las mismas señales de respeto en el recreo, que en la clase de matemáticas o en la de música.

Aquí es donde las reglas vuelven a cobrar sentido, ya que se convierten en la traducción de los valores morales al comportamiento especifico. Cómo es *leído* un valor moral en un contexto específico va a estar relacionado con el reglamento que rige ese espacio, de manera tal que del comportamiento de una persona va a poder ser inferido el valor moral que profesa.

El proceso educativo requiere de la conciencia por parte de quien educa de que el crecimiento de un chico requiere de una retroalimentación constante entre su intención al actuar, su comportamiento, las consecuencias del mismo y los valores involucrados en el proceso, de tal manera que los niños vayan desarrollando mayores niveles de conciencia a lo largo de su formación.

En resumen, para fines de lo que aquí importa, el ejemplo que hemos desarrollado da una pequeña muestra de lo que comenté en un inicio: los valores pueden llegar a confrontarse y por lo tanto la educación sobre éstos requiere de algunos elementos a considerar: *1)* No hay manera de vivir con valores sin tener que asumir las consecuencias que de ahí se derivan, *2)* La educación del criterio es importante para darles elementos a los chicos en la toma de decisiones y *3)* Los límites sirven para ayudar a los niños a traducir en comportamientos específicos los valores que estamos inculcando, es decir, la educación en valores se da a partir de las situaciones que se presentan en la vida cotidiana, no son resultado de experiencias excepcionales.

La tecnología y los videojuegos

El impacto de la tecnología es innegable en toda la sociedad, más allá de la edad, el género, el nivel socioeconómico, el tipo de trabajo o cualquier otra variable desde donde se pretenda analizar, y por supuesto los niños no son la excepción. La velocidad a la que ha ido permeando la vida de las personas es también sorprendente, de tal manera que hoy en día no hay edad que quede exenta de su uso en alguna de sus modalidades, y a pesar de que desde hace más de 40 años ya existían los videojuegos, su propagación no es ni remotamente comparable con la época actual. En ese entonces no representaban una competencia a los juegos de los parques y la calle, eran sólo una actividad más dentro de las opciones que un niño tenía para divertirse y entretenerse.

Sin duda la aparición de la telefonía celular e internet potenciaron la *propagación* de todo tipo de juego a través de medios tecnológicos, y con esto, una lamentable limitación de las habilidades y el desarrollo de los niños en sus habilidades cognitivas, motrices y socioemocionales.

Y como si esto no fuera suficiente, los videojuegos, sumados a todo el acceso que facilita internet, sobreestimulan el funcionamiento del cerebro, pero no para generar un mayor desarrollo de habilidades, sino en sentido contrario, lo mantienen en estado de excitación constante que entre muchas otras cosas distorsiona la idea del placer y malestar del que hablamos con gran detalle en el capítulo tres.

Existen muchas discusiones acerca de la posible influencia de los videojuegos, especialmente aquellos que contienen violencia, en el comportamiento de los niños, y al igual que hace 40 años, cuando se hacían estos mismos cuestionamientos con respecto a la televisión, no hay nada concluyente. Sin embargo lo que sí es posible saber es que al utilizar la tecnología se estimulan áreas del cerebro que producen sustancias responsables de generar placer y excitación. Hasta aquí no habría mayor problema; justo eso es lo que nos generan a lo largo de la vida las experiencias de las que más disfrutamos y que nos hacen pensar que la vida vale la pena.

Entonces ¿en dónde radica el problema? En el tiempo. El *tiempo* aquí es la clave. La **cantidad de tiempo** que los niños pasan haciendo uso de la tecnología es un problema de gran magnitud que no estamos alcanzando a percibir en su adecuada dimensión.

La publicidad y las empresas dedicadas a la producción de aparatos tecnológicos y los contenidos y alcances de las herramientas se mantienen en constante innovación, no cabe duda de que están haciendo muy bien su trabajo. Son los padres de familia quienes nos estamos equivocando.

Hay situaciones educativas frente a las cuales la respuesta se reduce a un *sí* o un *no*, como "no metas los dedos en el enchufe"; pero hay otras en las que se requiere poner el acento en la *dosis* y la *frecuencia*, como "puedes jugar futbol hasta que sea la hora de meterte a bañar" o "tu clase de ballet es martes y jueves una hora".

Con la tecnología, los padres deben de plantearse ambas situaciones: ¿cuándo será el momento de decir sí a la presencia de tecnología en la vida de sus hijos?, y una vez que ésta llega ¿cuál es la dosis y la frecuencia con la que podrán utilizarla? No es fácil responder a esto, especialmente en un momento de la vida en el que los padres ya se encuentran inmersos en ella y cuando todo parecería indicar que la posibilidad de evitarla es de antemano una batalla perdida.

Y justo esto último es lo que resulta más preocupante: unos padres convencidos de que no pueden hacer nada, y aunque es verdad que todos debemos de aprender a adaptarnos a los cambios que se presentan en la vida (en este caso a la tecnología), también es cierto que debemos de ir haciendo la parte que nos toca. Es decir, a los niños suelen gustarles los dulces y no se trata de privarlos de ellos, sino de enseñarles a relacionarse con éstos. Lo mismo sucede con la tecnología. Los dispositivos se compran y los servicios de internet se contratan, es decir, son resultado de decisiones tomadas y comportamientos específicos. Sin embargo, a pesar de que los mismos padres pueden llegar a estar molestos y ser críticos del comportamiento de los hijos frente al manejo de la tecnología, viven impotentes e incapaces de poder tomar medidas al respecto.

No es el tema de este libro hacer un estudio sociológico o antropológico al respecto, sin embargo resulta importante hacer conciencia de esto, porque de lo contrario, aquello que sí está en manos de los padres se abandona y por lo tanto la influencia que sí es posible tener no se ejerce, dejando a los chicos en manos de la influencia y el impacto de la tecnología.

Es decir, es real que las circunstancias empujan hacia el manejo de la tecnología, muchas escuelas incluso la han incorporado como una herramienta de trabajo, sin embargo eso no justifica que los padres se queden sin hacer nada al respecto. ¿Difícil? Sí, mucho, sobre todo porque nos confronta con una realidad que no nos gusta aceptar y de la que hemos hablado anteriormente:

educar implica invertir tiempo. Y en este caso en particular, educar implica supervisar; así que si sólo nos quedamos con esta idea, pregúntate cuánto tiempo dedicarían tus hijos a la tecnología si sólo tuvieran permiso para utilizarla cuando tú pudieras estarlos supervisando. Seguramente la respuesta, sea cual sea, sería por mucho menos del tiempo que hoy dedican.

Por último es importante que estés consciente de que facilitar el uso de la tecnología a los niños tiene un impacto importante en la inhibición de su creatividad, una de las habilidades esenciales en su desarrollo cognitivo, ya que de ahí se desprenden muchas de las herramientas necesarias para un buen rendimiento académico, así como habilidades de adaptación y desarrollo socioemocional (inteligencia emocional).

Si eres de los padres de familia que no desean la tecnología en edades tempranas de tus hijos, sólo tienes que cuidar no prestarle tu teléfono celular para que se entretenga e informarte de los colegios, que siguen siendo muchos, que no han incorporado la tecnología como una herramienta de trabajo, por lo menos durante los primeros años, incluyendo la primaria.

Sugerencias al introducir la tecnología

- No la permitas como una herramienta para entretener a tu hijo y evitar con esto que esté inquieto o molestando, porque aprenderá que al presentar estos comportamientos tú accedes a su uso.
- Establece tiempos específicos (idealmente no mayores a 20 minutos al día).
- No permitas que la use antes de dormir (idealmente dos horas antes ya no permitas que juegue), recuerda

que genera niveles de excitación cerebral y se le dificulta poder entrar en estados de reposo para dar lugar a que se induzca el sueño.

- Si tu hijo presenta pesadillas o tiende a despertar sobresaltado a media noche, amplía el tiempo sin videojuegos o internet antes de la hora de dormir.
- Supervisa siempre que esté frente al manejo de tecnología, sin importar si está jugando, entretenido o trabajando.

Cómo saber que se tiene un problema

- Cuando al momento en el que solicitas que suspenda su uso reacciona con un nivel de irritabilidad mayor a la resistencia con la que responde cuando se le pide que detenga cualquier otra actividad placentera.
- Cuando la utiliza por más de una hora al día.
- Cuando deja de realizar actividades que sabes que le son placenteras y que empieza a evitar con tal de seguir jugando.
- Cuando la única forma en la que percibes que se divierte tiene que ver con tecnología.
- Cuando estando en reuniones, fiestas o convivencias decide utilizar la tecnología y deja de convivir.
- Cuando deja de mostrar interés por actividades que implican movimiento corporal.
- Cuando tiene prisa constantemente para poder jugar.
- Cuando su tema de conversación gira alrededor de sus videojuegos.
- Cuando se muestra insistente (casi obsesivo) con respecto a este tipo de actividades.
- Cuando tú como padre de familia recurres constantemente a pensamientos como "es normal", "todos lo

hacen", etcétera como una forma de tranquilizarte cuando te asalta la duda de si eso que está pasando es correcto.

- Cuando te ves a ti mismo *entusiasmado* por ver la cara o reacción de tu hijo para sentirte *buen padre o madre*.

- Cuando ese tema se está volviendo un problema en tu relación de pareja porque uno de los dos considera que esta dinámica de funcionamiento no es correcta.

- Cuando te das cuenta de que no tienes otra forma de tener control sobre tu hijo que permitiendo que se entretenga en este tipo de actividad.

- Cuando al considerar que debes de modificar el estilo de funcionamiento de tu hijo en relación con el uso de la tecnología y te da *miedo* que se enoje.

Estoy convencida de que muchos de ustedes pueden identificarse con varios de los puntos antes mencionados, porque hoy en día es un problema serio la forma en la que los niños se están relacionando con todo tipo de dispositivos. Incluso ya se está empezando a concluir que no estamos lejos de considerar esto un problema de salud. ¿Por qué? Porque se genera adicción; lo que me ha llevado a preguntarme más de una vez: ¿por qué reaccionamos pasivamente ante lo que parece ser una educación para generar adultos adictos?

Es además un termómetro que permite medir cómo estamos educando; es decir, si necesitas entretener a tu hijo con un celular o con cualquier tipo de dispositivo, es porque está mal educado, y esto debería bastarte para modificar tu comportamiento y a su vez impactar en el suyo.

Llegados a este punto, pareciera que entre la gran confusión que hoy en día existe para tener claro el rol de autoridad, la respuesta pronta a la demanda de los niños para satisfacer sus deseos y la inmensa tentación de valerse de la tecnología como una *nana* que facilita su entretenimiento, papá y mamá han terminado por quedarse secuestrados y con escasa posibilidad de acción. ¿Te vas a dar por vencido?

¿Qué hacer?

Sospecho que lo que puedes hacer para solucionar esto no te va a gustar. En general el trabajo más difícil de hacer, desde mi experiencia, es lograr romper las resistencias de los propios padres para detener lo que está sucediendo.

Primero, toma conciencia sobre tu propia capacidad de acción, mientras tú sigas creyendo que no hay nada que puedes hacer, así será.

Segundo, piensa muy bien antes de conceder. El que a tu hijo le guste o que otros niños lo tengan, entre muchas otras ideas que pasan por tu cabeza para empujarte a acceder, no es razón suficiente para que entre en ese mundo, especialmente si lo hace sin reglas ni supervisión.

Tercero, no les des a tus hijos todos los dispositivos. Elige aquel que es más fácil de supervisar y controlar. O tableta o computadora; la consola de una marca o la de otra. Ser un niño en proceso formativo, con la fuerza de voluntad en proceso, con una capacidad para tomar decisiones aun limitada no logra manejarse y contenerse si cuenta con tableta, computadora, tarjetas de acceso a juegos por internet, la posibilidad de jugar solo y también en línea, con acceso a videos de todo tipo, ¿en verdad te parece que nos tendría que sorprender que se muestren obsesivos por ese tipo de actividades? Es muy difícil detener actividades que nos tienen estimulados en exceso, de forma continua y además generando placer.

Cuarto, cuando la situación ya está fuera de control, retira por completo los dispositivos y deja que tus hijos vivan la ansiedad que les genera no tener acceso a ellos. En un inicio te asustarás y pensarás que no podrás resistir su reacción, pero al paso de los días y cuando vean que no hay opción, que no tendrán acceso a ellos, irán cobrando tranquilidad y se irán avocando a otro tipo de actividades.

Quinto, si eres de los afortunados que estás iniciando el acercamiento de tu hijo a algún tipo de dispositivo, hazlo despacio y regula los tiempos. Los niños sí aprenden a hacer un buen manejo de la tecnología, siempre y cuando papá y mamá hagan su trabajo.

¿El celular?

Si todo lo mencionado anteriormente no te lleva a concluir que durante la infancia el teléfono celular no debería ni siquiera de ser tema a considerarse, es importante tomar en cuenta lo siguiente:

- Sólo préstale a tu hijo un celular cuando vaya a estar en alguna situación que implique la necesidad de ponerse en contacto contigo. El resto del tiempo tenlo bajo tu cuidado.
- Busca un teléfono muy simple que no le permita navegar en internet y que de hacerlo resulte lento.
- Que no tenga plan y se maneje con tarjetas de recarga limitadas.
- Que la contraseña sea de tu conocimiento.

- Si lo tiene con él durante el día, asegúrate de que en las noches esté bajo tu cuidado.

En la inmensa mayoría de los casos, el celular solamente cumple las funciones de un efecto placebo para dar una supuesta *seguridad* a los padres, y a los chicos los introduce en un mundo de riesgos que no vale la pena correr.

La importancia de los buenos modales

Los niños interactúan de forma impulsiva en sus relaciones sociales y poco a poco van aprendiendo nuevas maneras que básicamente implican control de sus impulsos en dos sentidos: dirección e intensidad del impulso.

El impulso viene del cerebro y se da en función de un estímulo percibido por el pequeño, ya sea desde el exterior (cuando le sonríen, le hablan, etcétera) o desde el interior (comezón, apetito, sed o el simple deseo de hacer o tocar algo). Cuando el impulso aparece el niño presenta el movimiento que corresponde sin ningún cuidado. Es entonces cuando papá o mamá comienzan a enseñarle que debe tener paciencia o que debe de hacer las cosas "con cuidado".

Este proceso llevará algunos años y requerirá de mucha práctica por parte del pequeño así como de mucha repetición por parte de los padres. Conforme va entrenándose, la indicación externa y la madurez cerebral que el niño irá adquiriendo lo van a ir mostrando con más habilidad. Solemos llamar a esto coordinación motora, ya sea gruesa o fina. Durante todo este tiempo se podrá ir observando cómo el niño va ganando destreza frente a la torpeza con la que hacía sus actividades.

Mientras el niño vaya madurando percibiremos, al igual que él, que sus comportamientos tienen impacto en otras personas, por lo que además del acompañamiento biológico de su desarrollo se deberá empezar la educación de los modales.

Estos últimos tienen que ver con la verbalización de ciertas respuestas como resultado o precedente a su comportamiento; por ejemplo, disculparse si golpea sin querer a alguien al pasar o pedir "permiso" para pasar cuando alguien estorba su paso.

Hoy en día se ha perdido la costumbre por parte de los padres para repetir en el día a día que hay que dar las gracias, decir "con permiso", disculparse, pedir por favor, etc. Así como el tono de voz correcto cuando se dirigen a otras personas; por lo que con frecuencia los padres comentan que los niños de hoy son irrespetuosos, como si esto hubiera sucedido sin que ellos lo avalaran.

Sugerencias:

- Si tu hijo te pide algo o te habla de forma inadecuada, detente y pregúntale con tranquilidad pero de manera firme: "¿Cómo dijiste?" o "repite lo que me dijiste pero ahora de forma correcta". No basta con hacerlo notar, hay que pedirle que lo repita adecuadamente.
- Cuando corresponde un "por favor", "con permiso", "gracias" y no lo hace, hay que hacer una pausa y preguntar: "¿Cómo se dice?" o simplemente decirle qué debe de decir y hacer que lo repita.
- Cuando a pesar de esto el niño no coopera, detenemos la actividad de la que se trate y le decimos que no puede continuar si no sabe tratar con educación a las personas. Por ejemplo, si pasó corriendo y empujó a alguien,

lo detenemos y le pedimos que se disculpe, si no accede no le permitimos que siga jugando hasta no presentar el comportamiento adecuado. Si se trata de algo que desea y no lo pide por favor a pesar del recordatorio y modelaje de nuestra parte, no le damos lo que pide.

Aun cuando pudiera parecer que son detalles sin importancia, o como suelen decir muchos adultos: "¡Son niños!", es importante iniciar la educación de sus modales desde que son pequeños. Una cosa es que sea razonable que actúen de esta manera y otra que no se haga nada al respecto.

Hay que considerar que se aprende por imitación y repetición. Es decir, los adultos que lo rodean deben manejarse de la misma forma y deben de hacer el señalamiento o la corrección cada vez que la omisión se presente. Esto, además de ser un elemento importante para favorecer buenas relaciones interpersonales, es un ejercicio que ayuda a la práctica del control de impulsos. Además, te lo aseguro, lo vas a agradecer cuando tu hijo entre a la adolescencia.

El vínculo afectivo

En la educación de los niños es igualmente importante la necesidad de enseñar a los niños el respeto por las normas, aprender a obedecer, como el establecimiento de un vínculo afectivo entre padres e hijos, y si soy más específica, entre cada uno de los padres y el hijo.

Dicho de otra manera, no son incompatibles los límites y las muestras de afecto. Así como en diferentes partes del libro hablo de los errores que hoy en día se cometen dada la confusión generada por el cambio vertiginoso entre la forma de educar y de percibir al niño, también es cierto que las nuevas generaciones han aportado elementos importantes a considerar en la convivencia cotidiana al interior de la familia. Y una de ellas sin duda alguna es la importancia que hoy se da a trabajar el vínculo afectivo y lo significativo que es tomar en consideración los pensamientos, sentimientos y emociones que los niños van experimentando.

Aunque si bien considero que papá y mamá no tienen que convertirse en *amigos* de sus hijos, sí es importante que la relación resulte amigable y cercana. No importa sólo el querer a los hijos, es importante que ellos se sientan queridos.

De papá y mamá, o en su defecto de los cuidadores primarios, todo niño debe de recibir afecto, aceptación y pertenencia (como lo explicamos en el capítulo dieciséis), porque esto es la plataforma emocional desde donde nos desarrollamos.

En la medida en la que eres una buena figura de autoridad para tus hijos, ellos aprenden a desenvolverse, ganan seguridad personal, desarrollan hábitos de comportamiento y se facilita un ambiente de armonía en la relación que da lugar a espacios de convivencia que favorecen la cercanía y la confianza que permiten el acompañamiento por parte de los padres de la forma en la que el niño va elaborando las experiencias de su vida, no importando lo pequeños que sean.

La expresión afectiva conecta, pero reírse juntos también conecta, acompañarse también lo hace, jugar juntos, compartir, enojarse y volver a conciliar y un largo etcétera también conectan, siempre y cuando los adultos considerados los cuidadores primarios se tomen espacios para *verse* en y con el hijo. Y para esto no se requieren de grandes cantidades de tiempo. Muchas veces una mirada, una simple pregunta, un guiño de complicidad, un "te quiero", "te extrañé", "ya quería verte" pueden lograr esto. Preguntarle a tu hijo qué piensa de alguna situación desafortunada, qué le gustaría, cómo se siente... escucharlo.

Sugerencias:

- Cuando hagas contacto con tu hijo después de una separación resultado de las diferentes ocupaciones, antes de preguntarle cómo se portó o si tiene tarea, date un momento para saber cómo está o decirle que tenías ganas de verlo o darle un abrazo.
- Aprende a posponer para 10 minutos después lo que quieres saber de él. Que el cuestionamiento no sea la primera reacción al verlo o hablar con él.

Tanto educarlo como vincularse son parte del proceso de ser familia. Ninguno es un obstáculo para el otro, cada uno tiene sus tiempos y su propósito y ambos vienen del amor que se tienen.

Los abuelos

Cada vez hay más abuelos parentales, es decir, abuelos que están con los nietos cotidianamente y se hacen cargo de cuidarlos y acompañarlos mientras papá o mamá están trabajando. La situación económica, el creciente aumento de separaciones y divorcios, el fallecimiento de alguno de los padres, entre muchas otras razones, han dado lugar a que los abuelos no sean solamente visitas o visitados.

Esto marca un cambio necesario en el rol que juegan en el proceso educativo de los niños. Unos abuelos que se encargan de los nietos no pueden, ni deben, ceder al gusto de consentir a los niños porque impactan de forma importante en la educación de los mismos.

El estilo de vida y de relación *sí importa* si el contacto y la responsabilidad es mayor a la de quien sólo es visita en la vida del niño.

Sin duda hay una infinidad de razones por las cuales unos abuelos pueden estar a cargo de los nietos, sin embargo hay algunos puntos importantes a considerar que pueden servir de guía.

Elementos a considerar

Primero, la responsabilidad de la educación de un niño es de sus padres. Si los abuelos por la razón que sea están al cuidado de un niño y la forma en la que lo tratan, a ojos de los padres o de alguno de ellos, no es la apropiada o no corresponde a la filosofía de vida con la que quieren que el niño sea educado, deberán tomar la decisión que consideren más adecuada pero no podrán ni deberán justificarse responsabilizando a los abuelos del resultado final.

Segundo, cuando los abuelos se hacen cargo, están *haciendo un favor*, no es su obligación. Ellos ya terminaron su trabajo, bien o mal hecho, al educar a sus propios hijos.

Tercero, cuando se requiere o se acuerda que los abuelos realicen acciones parentales, es muy importante cederles autoridad y capacidad de decisión sobre los comportamientos del niño, y por supuesto, necesitan asegurarse de que coinciden en los principios educativos básicos y en las estrategias de las que se podrá echar mano cuando el niño presenta comportamientos inadecuados. Es decir, acordar las reglas y consecuencias que delimitan el funcionamiento del pequeño. De lo contrario, es importante buscar otras alternativas de cuidado.

Cuarto, si al regresar a casa el niño tiene establecida alguna consecuencia, los padres deben respetarla, pero a partir de ese momento toman las riendas del cuidado y seguimiento del niño.

Quinto, en caso de que alguno de los abuelos intervenga cuando papá o mamá está corrigiendo o llamando la atención al pequeño, es importante no confrontar frente al niño y hablar posteriormente con la persona para establecer claramente los lineamientos.

En general, todo lo planteado en el capítulo catorce es recomendable para considerarse en estos casos, y sólo teniendo en cuenta lo que mencioné anteriormente, la responsabilidad por la educación del niño es de los padres, si los abuelos están dispuestos a cooperar adelante, de lo contrario, papá y mamá deben tomar la decisión que consideren más apropiada para la educación de su hijo, quien ahora es el compromiso prioritario que adquirieron.

REFLEXIONES FINALES

Sin duda alguna un libro sobre educación podría no tener fin. El compromiso que se adquiere ante la paternidad y maternidad es infinito y debería no poderse renunciar a él, sin embargo es sabido que las relaciones humanas son complejas y las circunstancias muchas veces impredecibles.

Cada niño llega a la vida en circunstancias particulares y en momentos diversos de la vida de cada uno de sus padres, y ahí comienza una historia. ¿Qué será del futuro de ese pequeñito? ¿En quién terminará por convertirse? Nadie lo sabe, sin embargo hay algunos elementos que pueden servir de guía porque lo único que está en tus manos es poder hacer lo mejor que puedas con las herramientas y recursos con los que cuentas.

Y uno de esos recursos personales es la disposición que puedes mostrar para estar abierto a buscar ayuda, acercarte a literatura, programas, especialistas e ir haciendo conciencia de las decisiones que necesitas ir tomando mientras acompañas el crecimiento de un pequeñito.

No me cabe duda que educar implica un gran compromiso, pero también es una experiencia que no tiene par; la satisfacción de acompañar el proceso de crecimiento de una personita hasta poder ir constatando cómo se convierte en una persona de bien es, por mucho, mayor al esfuerzo que ameritó. Educar bien vale la pena.

Educar bien es difícil; mal educar es simple, pero siempre termina cobrando la factura. No hay forma de educar bien sin que implique esfuerzo por parte del adulto, pero ese esfuerzo nunca será tan grande como el que implica romper malos hábitos. Así que, si de cualquier manera se terminará por hacer, mejor bien desde el inicio que difícil después.

Con frecuencia planteo en mis conferencias una pregunta que hoy te dejo aquí: ¿Para *quién* tuviste a tu hijo? Si la respuesta es que lo tuviste para ti, para complacerte a ti, seguramente buscarás vivir a través de este hijo, así que posiblemente lo vas a llenar de regalos, lo complacerás, le dirás a todo que sí... el resultado muy probablemente será una persona irresponsable, que busca el placer de la vida y que poco se compromete.

Si por el contrario la respuesta es que lo tuviste para él o ella, para que él o ella tengan la experiencia de vivir la vida y se conviertan en personas de bien, es altamente probable que te conlleve esfuerzos, sacrificios y compromisos, pero también grandes satisfacciones.

Con frecuencia me preguntan si hay alguna fórmula o una manera condensada de plantear los principios básicos de la educación. Y aunque todos los que nos dedicamos a la educación sabemos que las fórmulas no existen o por lo menos no garantizan nada. Aquí al final del libro me atreveré a responder a eso, porque si llegaste hasta aquí, bien lo mereces.

Suelo responder que hay un *tres de tres*, que consiste en:

1. Asegúrate de darle a tu hijo de manera incondicional afecto, aceptación y pertenencia.
2. Sábete que tu hijo buscará cortar tres cordones umbilicales en su vida: *a)* el del nacimiento que da lugar al

inicio de la independencia motriz, *b)* el que da inicio a la independencia emocional y que justo empieza en la adolescencia y *c)* el que dará inicio a su independencia económica y que tiene diferentes momentos en los que comienza dependiendo de muchos factores (pero por favor a más tardar alrededor de los 22 años).

3. Las habilidades que tendrás que enseñarle como resultado de mucha fuerza de voluntad: capacidad de adaptación, autosuficiencia y responsabilidad.

Si cumples con esto, podrás sentirte satisfecho. El resto le tocará a él o a ella.

Por último, no dejes de lado tu instinto. Más allá de lo que leas o escuches, siempre regresa a tu instinto. No a ese instinto que se siente en la superficie del estómago y que te hace querer ir a rescatar a tu hijo cuando está en un aprieto, a darle lo que desea para que deje de llorar, a justificarlo por lo que hace mal... a ese no. Hablo del instinto que está en el fondo de tu corazón y que termina siempre por decirte que es lo que en verdad tendrías que hacer para que tu hijo crezca; ese que sabes que requiere de tu esfuerzo, que no es el que te lleva por el camino fácil, pero que te dice que es lo correcto. A ese instinto es al que hay que regresar.

Así que no me queda más que repetir:

SI LO AMAS, ¡EDÚCALO!

AGRADECIMIENTOS

Gracias a Penguin Random House por renovar el voto de confianza en mi trabajo y darme voz para aportar un poco más al tema inagotable de la educación. Asimismo, reafirmo el orgullo de poder publicar bajo el cobijo de Grijalbo.

Infinitas gracias a Fernanda Álvarez, mi editora, por su trabajo, calidez y absoluta disposición para acompañarme durante todo el proceso.

A Samantha Bochm, redactora, sin la cual las ideas no podrían llegar con claridad al lector.

A Amalia Ángeles por el diseño de la portada.

A Erika Nadal, colega y amiga, quien no sólo ayuda a amortiguar los puntos ciegos que el trabajo terapéutico puede tener, sino que además, con su forma de ejercer la maternidad, permite comprobar que educar bien es posible.

A todos los papás que dentro y fuera del consultorio han depositado su confianza en mi experiencia profesional para permitirme entrar a sus familias y colaborar con la educación de sus hijos.

A mis padres, por el esfuerzo que hicieron por ofrecerme una preparación profesional que me permitiera llegar hasta este momento.

A Mariano Osorio, por confiar en mi trabajo y ofrecerme el espacio radiofónico que hoy permite realizar esta edición actualizada.

A la audiencia de *Chayo Contigo* en Joya 93.7 fm, por su confianza y entrega a la que hoy puedo corresponder a través de este libro.

Si lo amas, ¡edúcalo! para niños de Rosario Busquetes Nosti
se terminó de imprimir en el mes de junio de 2019
en los talleres de Diversidad Gráfica S.A. de C.V.
Privada de Av. 11 #4-5 Col. El Vergel, Iztapalapa,
C.P. 09880, Ciudad de México.